UNA GUÍA

hablar

en otras

DISCARD

lenguas

UNA GUÍA ESENCIAL PARA

hablar
en **otras**
lenguas

Ron Phillips

CASA
CREACIÓN

La mayoría de los productos de Casa Creación están disponibles a un precio con descuento en cantidades de mayoreo para promociones de ventas, ofertas especiales, levantar fondos y atender necesidades educativas. Para más información, escriba a Casa Creación, 600 Rinehart Road, Lake Mary, Florida, 32746; o llame al teléfono (407) 333-7117 en Estados Unidos.

Una guía esencial para hablar en otras lenguas por Ron Phillips
Publicado por Casa Creación
Una compañía de Charisma Media
600 Rinehart Road
Lake Mary, Florida 32746
www.casacreacion.com

A menos que se exprese lo contrario, todas las citas de la Escritura están tomadas de la *Santa Biblia Reina-Valera* Revisión 1960 ©Sociedades Bíblicas Unidas, 1960. Usada con permiso.

Otra versión usada es *La Biblia de las Américas* (lbla), Edición de Texto, ©1997 por The Lockman Foundation. Usada con permiso.

Las citas de la Escritura marcadas (nvi) corresponden a la *Santa Biblia, Nueva Versión Internacional* ©1999 por la Sociedad Bíblica Internacional. Usada con permiso.

Las citas de la Escritura identificadas como La Biblia al Día corresponden al *Nuevo Testamento La Biblia al Día*, ©Living Bibles International 1979, Edición 1984. Usada con permiso.

La grafía y significado de los términos hebreos y griegos
corresponden a la *Nueva concordancia exhaustiva de la Biblia
de Strong*, de James Strong, Editorial Caribe, 2003. Usado con
permiso.

Los términos griegos han sido cotejados con el *Nuevo Testamento
Interlineal Griego-Español del Texto Maestro de Nestle-Aland
27*. Copyright: Texto griego NA27: © 1993, 1994 por Deutsche
Bibelgesellschaft (Sociedad Bíblica de Alemania), Stuttgart
Texto español: © 2009 por Galeed, para e-Sword - La espada
electrónica, ©2000-2009 Rick Meyers, versión 8.0.6., www
.e-sword.net, Usada con permiso.

Traducido por: María Mercedes Pérez y María del C. Fabbri Rojas.
Editado por: María del C. Fabbri Rojas
Diseño de la portada: Justin Evans
Director de diseño: Bill Johnson

Originally published in the U.S.A. under the title: *An Essential
Guide to Speaking in Tongues*
Published by Charisma House, A Charisma Media Company,
Lake Mary, FL 32746 USA
Copyright © 2011 Ron Phillips
All rights reserved

Visite la página web del autor: www.ronphillips.org

Copyright © 2011 por Casa Creación
Todos los derechos reservados

Library of Congress Control Number: 2011927108
ISBN: 978-1-61638-309-1
E-book ISBN: 978-1-61638-342-8

11 12 13 14 15 * 5 4 3 2 1
Impreso en los Estados Unidos de América

Contenido

Contenido

Ven Espíritu Santo, y toca mi lengua,
Como con una llama viva;
Deseo la gracia santificante
Que mi Salvador me ofrece.

Ven Santo Espíritu con fuego sacro,
Bautiza éste mi corazón;
Derriba todo ídolo terreno
Y refina todas sus escorias.

Quiero una voluntad rendida a Él,
Que acepte su amable control,
Y que a través de mi vida su amor
Sea un río que fluya incesante.

Ven, Santo Espíritu, aplica la sangre
Como nunca lo habías hecho antes,
Que yo exalte a mi Salvador
Desde ahora y para siempre.

Espero, yo estoy esperando
La promesa de la lluvia pentecostal;
Espero, yo estoy esperando
La promesa de tu maravilloso, tremendo poder.[1]

CAPÍTULO UNO
El Espíritu Santo y su obra

Jack Harris tiene un pasatiempo interesante. A este jubilado de ochenta y seis años le dan un rompecabezas cada año para Navidad. Ensamblar la mayoría de sus rompecabezas le toma más que unos meses de trabajo ocasional. Comenzó con este pasatiempo para ocupar su tiempo durante los meses de invierno que le hacían imposible trabajar en su jardín. En la Navidad de 2002 le dieron un rompecabezas de cinco mil piezas, y resultó ser un desafío muy especial para él.

Jack no terminó el rompecabezas para la primavera. Ni siquiera lo había terminado para la siguiente Navidad. En realidad, este enorme rompecabezas se instaló en la mesa del comedor de Jack durante más de siete años. Al poner la última pieza en su lugar, Jack retrocedió para admirar su obra, y fue entonces cuando notó que al rompecabezas le faltaba una pieza.

¿Se la habría comido un perro? ¿La habría tirado por accidente? ¿O directamente nunca habría estado en la caja? Nadie lo sabe. Su hija —quien originalmente le dio el rompecabezas a su padre— trató de contactar al fabricante para conseguir la pieza restante, pero a Jack le había llevado tanto tiempo terminarlo que ya no lo hacían más. Ella dijo de su padre:

"Se sintió tan frustrado al descubrir que faltaba una pieza. Realmente es triste porque ahora nunca estará completo".

Muchas iglesias deberían sentir una tremenda simpatía por Jack Harris. ¿Sabe? Ellas tienen cada día la sensación de que les falta una pieza —en realidad, les falta una *persona*—.

La "persona faltante" en las iglesias de hoy en día es el Espíritu Santo. Aunque las iglesias confiesan que el Espíritu Santo es plenamente Dios, rara vez es adorado y frecuentemente es ignorado.

El Espíritu Santo es la tercera persona de la divinidad. El Espíritu Santo no comenzó a existir en el día de Pentecostés, pero adquirió prominencia. Es en Juan 7:38-39 donde se nos dice claramente que con la ascensión y glorificación de Jesús, el Espíritu Santo sería dado o derramado sin medida sobre la Iglesia.

> El que cree en mí, como dice la Escritura, de su interior correrán ríos de agua viva. Esto dijo del Espíritu que habían de recibir los que creyesen en él; pues aún no había venido el Espíritu Santo, porque Jesús no había sido aún glorificado.

¡Hechos 2 registra ese sorprendente y poderoso momento! Hubo sonidos que no se oían desde que el Espíritu Santo rugió sobre las aguas en la creación. Hubo visiones que los ojos jamás vieron en las lenguas de fuego divididas. Ocurrió un milagro sobrenatural de hablar y comprender.

La historia de Pentecostés

Contemplemos la historia de Pentecostés. Hemos mencionado los acontecimientos de Pentecostés como están registrados en

Hechos 2. Éste es, a decir verdad, el "Pentecostés" en que la mayoría de las personas piensa cuando oye la palabra *Pentecostal*. Sin embargo, la realidad es que Pentecostés tiene una historia y un significado mucho más ricos.

En la primera Pascua, los hebreos hicieron su éxodo de la esclavitud de Egipto. Cincuenta días después esta nación recién emancipada se asentó a la sombra del Monte Sinaí. Comprenda esta escena. Habían pasado casi dos meses desde su liberación y los hijos de Israel ya se estaban sintiendo frustrados. Moisés descendió del Sinaí y les dio los mandamientos de Dios (no los Diez Mandamientos todavía, sino las promesas y las condiciones del pacto), y el pueblo los aceptó voluntariamente. Dios entonces le dice a Moisés que informe al pueblo que Él quiere hablarles de tal manera que el pueblo por sí mismo pueda oírlo hablar. Dios le dio a Moisés instrucciones de que el pueblo se santificara en varios aspectos, y al tercer día, que era Pentecostés, Dios descendería sobre el monte y hablaría. Así fue que al tercer día, el pueblo se congregó como Dios lo había indicado.

Dios descendió sobre el monte, y el pueblo vio el fuego y oyó el trueno y el sonido de trompetas. Según Éxodo 19:16, este sonido fue tan fuerte que el pueblo que estaba en el campamento tembló. Aquí la narración se torna poco clara si el lector no entiende las variaciones de los enfoques literarios judíos. En Éxodo 19:19 dice que cuando Moisés hablaba: "Dios le respondía con voz tronante". Lo que está implícito aquí es que algunos solamente oían ruido (trueno, viento y trompetas), y otros oían la voz de Dios. El capítulo 19 sigue diciendo que Moisés subió al monte para hablar con Dios.

Luego en el último versículo del capítulo 19, dice que Moisés volvió a descender del monte para hablar con el pueblo.

Ahora fíjese cómo se inicia el capítulo 20: "Y habló Dios todas estas palabras, diciendo...". Lo que tenemos aquí es una clásica figura literaria oriental —similar a la elipsis— donde, esencialmente, el primer versículo del capítulo 20 (recuerde, los capítulos y versículos no existían en el texto hebreo) es la continuación de la historia que comenzó en Éxodo 19:19. Entonces, cuando allí dice que "Dios le respondía con voz tronante", lo próximo que sucede cronológicamente es Éxodo 20:1.

Entonces, ¿qué era lo que Dios quería que los israelitas oyeran? Lea Éxodo 20:2-17 y verá que las palabras que Dios habló a los israelitas eran los Diez Mandamientos. En resumen, ¡Dios quería que su palabra viviera dentro de ellos! Pero el pueblo tenía demasiado temor. Una vez más, algunos sólo oían estruendo y ruidos fuertes. "Y dijeron a Moisés: Habla tú con nosotros, y nosotros oiremos; pero *no hable Dios con nosotros*, para que no muramos" (énfasis añadido).

Avancemos aproximadamente mil quinientos años hasta los acontecimientos de Hechos capítulo 2. Los apóstoles y los discípulos están reunidos en el aposento alto. Cristo mismo los ha santificado y les ha dicho que esperen. Examinemos más de cerca lo que nos dice el texto griego.

> ...y se les aparecieron lenguas repartidas, como de fuego, asentándose sobre cada uno de ellos.
>
> —Hechos 2:3

Observe aquí la palabra *asentándose*. Esta palabra en griego es *kadsízo*, que puede significar sentarse o cernirse sobre, pero aquí en esta forma significa morar. De modo que este fuego bajó para morar en los creyentes.

> Y fueron todos llenos del Espíritu Santo, y comenzaron a hablar en otras lenguas, según el Espíritu les daba que hablasen.
> —Hechos 2:4

Sin pretender ser exhaustivos, examinemos aquí las palabras "comenzaron a hablar". Está fuera de cuestión que las personas estaban diciendo algo, pero, ¿qué?

> Y hecho este estruendo, se juntó la multitud; y estaban confusos, porque cada uno les oía hablar en su propia lengua.
> —Hechos 2:6

Una gran cantidad de personas oyó hablar a estos hombres y mujeres en su propio lenguaje, el de los oyentes. Los versículos 6-12 implican que diferentes oyentes oían a diferentes hablantes hablar en su propia lengua nativa, la de los oyentes. Esto parece facilitar el trabajo de quienes dicen que la *glossa* (las lenguas) dada en Pentecostés eran lenguas terrenales. Pero, ¿hay más evidencia que apoye esto?

> Mas otros, burlándose, decían: Están llenos de mosto.
> —Hechos 2:13

¿Alguna vez se preguntó qué oían los demás? Hemos dicho que es incuestionable que los que estaban presentes en el aposento alto decían algo; entonces, ¿por qué algunos oían su propio idioma y otros la clase de balbuceo que los hacía creer que los discípulos estaban borrachos de mosto?

Comparemos los dos sucesos. En el primer Pentecostés de

Éxodo, Dios trató de poner su Palabra en los corazones de sus hijos, pero ellos se rehusaron por temor. El Pentecostés de Hechos 2 encontró a sus hijos listos para recibir. Dicho claramente, el Pentecostés, así como el bautismo del Espíritu Santo, es Dios abriendo las ventanas de los cielos para colocar el mismo Espíritu que levantó a Jesús de la muerte, en las vidas de quienes están dispuestos a aceptarlo.

Usted ¿está dispuesto?

La maldición de Babel

Después del diluvio, la humanidad estaba reunida y unida en geografía, cultura, idioma y propósito. Hoy en día se busca mucho esa clase de unidad, pero mire lo que se nos dice en Génesis 11:6 respecto a esta situación:

> Y dijo Jehová: He aquí el pueblo es uno, y todos estos tienen un solo lenguaje; y han comenzado la obra, y nada les hará desistir ahora de lo que han pensado hacer.

La palabra que se ha traducido como *pensado*, tiene en hebreo una connotación muy negativa. La palabra en realidad implica complot o confabulación.[a] Esencialmente, Dios vio la maldad de sus corazones y también vio que la capacidad de la gente para hacer maldades se incrementaba al hablar todos un idioma unificado. De modo que Dios consideró conveniente confundir sus lenguajes y dispersarlos de ese lugar único.

Esta es la maldición que duró a través de los siglos hasta el tiempo de Cristo. Dios levantó gobiernos e imperios que unificaron mucho del mundo conocido. Considere esto: en el tiempo de Jesús, el imperio romano había sucedido al imperio griego de Alejandro Magno, facilitó el viajar a través de su territorio al construir carreteras, y unificó el idioma del imperio al adoptar una forma del griego como su lenguaje común. Esto facilitó la expansión del Evangelio, por cierto, pero además fue una manifestación física de una verdad espiritual mayor.

En Pentecostés, la maldición de Babel fue revertida y todas las naciones pudieron oír las Buenas Noticias de Jesús. Hubo un impactante sermón basado en la profecía del Antiguo Testamento: "Mas esto es lo dicho por el profeta Joel...". El mensaje de Jesús fue predicado, tres mil personas recibieron la salvación y nació la Iglesia. Hechos 2:38 habla del don del Espíritu Santo, pero, ¿qué *hace* el Espíritu Santo?

La obra del Espíritu es indispensable

Una rápida búsqueda a través de las Escrituras nos muestra que el Espíritu Santo tiene un lugar de extrema importancia y significación. Recorremos las páginas de nuestra historia espiritual y hallamos que la Escritura nos enseña que el Espíritu Santo:

- Fue el agente de la Creación (Génesis 1:2)

- Inspiró las Sagradas Escrituras (2 Pedro 1:21)

- Engendró al Señor Jesús en el vientre de María (Lucas 1:35)

- Llenó a Jesús en su bautismo (Mateo 3:16).

- Enseñó a través de Jesús (Isaías 61:1; Lucas 4:18).

- Levantó de la muerte a Jesús (Romanos 8:11).

- Dio nacimiento a la Iglesia (Hechos 2:1-4)

- Convence al mundo de pecado, de justicia y de juicio (Juan 16:7-11)

- Produce el nuevo nacimiento (Juan 3:5-8)

- Habla a la Iglesia de hoy (Apocalipsis 3-4)

- Nos capacita para orar (Romanos 8:26).

- Hace que la Palabra de Dios cobre vida (Efesios 6:10-15; Hebreos 4:12)

- Hace posible la adoración (Juan 4:20-24)

- Glorifica a Jesús (Juan 16:13-14)

La obra del Espíritu es individual

Discutiremos esto con mayor detalle más adelante, pero es importante notar que su experiencia con el Espíritu Santo será su experiencia. No será una pálida imitación de la experiencia de un ser querido, ni de un mentor, ni de un pastor a quien usted admira. ¡Dios desea capacitarlo para una obra que sólo puede ser hecha por usted! Esa es una de las principales razones por las que la obediencia al llamado de Dios es tan importante. La obra que Dios tiene para que usted haga es una obra que sólo usted puede hacer. Dios ha enviado a su precioso Espíritu Santo para ayudar al creyente a cumplir esto.

El don del Espíritu es Dios mismo morando en el creyente (Hechos 2:38). Los dones del Espíritu son las capacidades de Jesús manifestadas a través de su pueblo. La llenura del

Espíritu Santo es la acción o el poder de Jesús en y a través de su pueblo. Esto es un hecho repetido (vea Efesios 5:18). Principalmente, la llenura es la capacitación del creyente para testificar de Cristo. El bautismo en el Espíritu Santo es la aceptación por medio de Jesús en el reino del Espíritu, especialmente en el Cuerpo de Cristo, la Iglesia. Esto es un acontecimiento de una vez y para siempre (vea 1 Corintios 12:13; Mateo 3:11). El fruto del Espíritu es la actitud de Jesús demostrada en la vida del creyente. (Vea Gálatas 5:22-23). El llamado del Espíritu es la unción de Jesús descripta a veces como que el Espíritu viene sobre (del griego *epi*, "en") un individuo para un servicio especial.

¡La obra del Espíritu Santo es inescrutable!

No se equivoque acerca de esto: ¡el Espíritu Santo no será usado! Los que creen que pueden vivir en el pecado y seguir fluyendo en la operación del Espíritu se dirigen al desastre. Quienes vivan sin una vida devocional se precipitan hacia "donde los ángeles temen pisar".

El Espíritu Santo no será manejado. El Espíritu Santo nunca encajará en nuestros moldes humanos. Él tendrá el control o no se quedará. Eso podría parecerles restrictivo o hasta tiránico a quienes no comprenden que "donde está el Espíritu del Señor, allí hay libertad" (2 Corintios 3:17).

El Espíritu Santo no puede ser contenido (vea Juan 3:8). Como un viento poderoso el Espíritu de Dios se mueve. El huracán del cielo que rugió sobre la creación actúa en ella soberanamente. Como un poderoso río crecido, el Espíritu se mueve y se desborda. Ezequiel 47:1-12 describe al río de

Dios fluyendo desde el templo. Jesús dijo en Juan 7:38 que del templo de nuestro corazón saldría un río de agua viva. Como un fuego poderoso el Espíritu Santo de Dios consume. Hebreos 12:29 dice: "...nuestro Dios es fuego consumidor". ¡Tratar de contener al Espíritu de Dios es una tarea imposible! Él quebrará la represa del denominacionalismo. Transformará la tradición. ¡Uno podría también tratar de ensillar un huracán, encadenar un fuego o una inundación! Amado, cuando usted recibe a Jesucristo, el Espíritu Santo viene a vivir en usted. Él es el Espíritu del Padre y del Hijo. Él viene a traer dones, a dar fruto, a llenar, a ungir y a capacitar. La pregunta para todos nosotros es ésta: ¿tiene usted al Espíritu Santo? "Y si alguno no tiene el Espíritu de Cristo, no es de él" (Romanos 8:9).

El creyente es "guiado por el Espíritu de Dios" y el Espíritu de Dios da testimonio al espíritu del creyente de que es un hijo de Dios (Romanos 8:14-16). El Espíritu de Cristo origina en nuestros corazones el "Abba Padre" (Gálatas 4:6). (Vea también 1 Juan 3:24; 4:13). Una última pregunta mientras abrimos este libro sobre la gracia de las lenguas: ¿El Espíritu Santo lo tiene a usted?

Nota a la traducción:

a. En español, la Biblia Textual expresa claramente esta idea al traducir: "y nada les hará desistir de lo que *traman* hacer" (énfasis añadido).

CAPÍTULO DOS
El don y los dones del Espíritu Santo

ES IMPORTANTE QUE usted comprenda la diferencia entre el "don" del Espíritu y los "dones" del Espíritu. En muchas iglesias abunda la confusión por no comprender esto. Además, es necesario que usted comprenda el don de lenguas en contexto con los otros dones.

El don del Espíritu a la Iglesia fue dado después de la ascensión y glorificación de nuestro Salvador (Vea Juan 7:39). El Espíritu Santo había estado en el mundo, pero ahora venía de una manera nueva y especial para vivir en el corazón de su pueblo. Venía a morar permanentemente dentro de nosotros (Juan 14:16-17, 26). En Hechos 2:38 se manda al pecador que se arrepienta después de lo cual le será dado el Espíritu Santo. La palabra es en singular, don. En Hechos 10:45 se ve que el don es otorgado también a los no judíos.

El don del Espíritu Santo es dado a todo creyente en el momento de la conversión. En el momento de la conversión usted es bautizado por el Espíritu Santo (Hechos 2:38; 1 Corintios 12:13). Esto significa que usted es sumergido en el Espíritu y el Espíritu en usted.

Una vez que somos salvos y tenemos el Espíritu morando en nosotros, podemos ser *llenos* del Espíritu Santo. La llenura del Espíritu es la presencia de Dios controlando nuestra vida. Él llenará solamente lo que le cedemos. Podemos tener el Espíritu, y sin embargo, no estar llenos del Espíritu.

Todo esto tiene que ver con el "don" del Espíritu. Él entra en nuestra vida para salvarnos, sustentarnos y fortalecernos.

De modo que ahora comprendemos el singular don del Espíritu Santo, pero el Espíritu Santo es además quien otorga dones al creyente (1 Corintios 12, Romanos 12). Estos dones espirituales y atributos del poder de Dios nos son dados a fin de que podamos cumplir con el llamado de Dios en nuestra vida. Para entender la importancia de estos dones espirituales primero debemos comprender que la Iglesia es el Cuerpo de Cristo.

Pablo describe y compara la unidad y la diversidad del cuerpo humano con el propósito de los dones espirituales. En este simbolismo aprendemos tres verdades importantes.

1. Son dones divinos

Los dones del Espíritu provienen de la misma fuente. En 1 Corintios 12:4-6 vemos que la fuente es el trino Dios. El versículo 11 establece que estos dones son otorgados soberanamente. Dios no sólo otorga los dones, Él decide quién recibe cuál don. El versículo 18 apoya esto al declarar que Dios coloca los miembros en la Iglesia según a Él le place.

Los dones espirituales no son talentos o capacidades naturales con las que usted nace. Esos son sus dones naturales. Los dones espirituales son dones sobrenaturales de Dios.

2. Son dones diversos

Este pasaje afirma que hay diversidad de dones. En 1 Corintios 12:4-6. La palabra *diversidad* se usa tres veces.

Se enumeran tres categorías muy importantes de dones: dones motivacionales, dones ministeriales y manifestación de dones. Lo importante que debemos notar es que diversos dones se otorgan a diversas personas.

El simbolismo del cuerpo es adecuado aquí. Cada miembro del cuerpo es diferente. Pablo usa el pie, la mano, el oído, el ojo, y el olfato. Qué ridículo sería si fuéramos todo pie, ojo, oído, mano, o nariz. Un cuerpo se compone de diferentes miembros.

Cada iglesia tiene diferentes miembros con diferentes dones. ¿Cuándo aprenderemos que no somos todos iguales, y que es *en* esa diversidad —de nuestras capacidades y fortalezas espirituales y sociales— donde podemos funcionar mejor como Cuerpo de Cristo? Muchos problemas surgen en la iglesia porque somos intolerantes con los que tienen una motivación diferente de la nuestra. Necesitamos aprender que no debemos ser todos iguales. Dios nos ha hecho y dotado de diferentes maneras. Muchos dejan la iglesia porque no pueden responder a las diferencias de otros.

3. Son dones dependientes

El Cuerpo de Cristo está unificado, pero no es uniforme. Dios diseñó el cuerpo humano de manera tal que todos los miembros son necesarios para su adecuado funcionamiento. El valor de un miembro se halla en su conexión con el cuerpo.

Primera de Corintios 12:25-26 describe la dependencia que debemos tener unos de otros. Debemos cuidarnos los unos a los otros. Suponga que mi estómago envía una señal de hambre al cerebro. Mis pies me llevan al lugar donde mis ojos y mi nariz me dicen que hay alimento. Mis manos toman un tenedor y un cuchillo cuando veo un bistec. Mi mano lleva ese trozo de carne no a mi oído ni a mi pie ni a mi ojo, sino a la abertura adecuada en la mitad de mi cara llamada boca. Allí moledores esmaltados llamados dientes lo cortan y evitan que muera ahogado. Después, las glándulas proveen líquido para que sea conducido con seguridad hacia el estómago donde la corriente sanguínea transportará los nutrientes al resto del cuerpo.

Así como el cuerpo cuida de sí mismo, también los miembros de la iglesia tienen que cuidarse uno al otro, dolerse uno con el otro, regocijarse uno con el otro. Somos el Cuerpo de Cristo y Él es nuestra cabeza. Debemos movernos según como Él nos dirige. No tenemos que estar divididos, sino juntos.

Peligros asociados con los dones

Hay algunas tendencias interesantes, pero peligrosas que veo en nuestros días.

El descuido de los dones espirituales

Dios ha provisto dones para hacer que su Iglesia crezca. Muy pocas iglesias operan basándose en los dones de Dios. Este descuido es una de las causas del anémico crecimiento de la Iglesia de Occidente.

El temor a los dones espirituales

Algunos tienen temor a los dones; especialmente a la manifestación de dones tales como lenguas, sanidad y milagros. Este temor se origina en cuestiones de control. Seguramente los excesos pueden ser tratados en amor, pero la Iglesia no debe temer las gracias del Espíritu Santo.

La agrupación de dones similares

Muchas iglesias tienen ministerios incompletos porque han atraído a quienes tienen dones similares. Por ejemplo, un pastor con un fuerte don de enseñanza atraerá a otros que tienen el don de enseñanza. Usted puede terminar teniendo un grupo de maestros bien alimentado, bien preparado y otros ministerios descuidados. Si usted es alguien que continuamente se queja de no estar siendo "alimentado", podría ser un maestro que necesite estar enseñando. Los bebés necesitan ser alimentados, pero los cristianos maduros deberían alimentarse a sí mismos y a otros. Esta actitud hace que no se acepten los dones de otros.

La falta de equilibrio en el Cuerpo de Cristo

Suponga que mi mano súbitamente toma un lápiz y le escribe una nota a mi ojo diciendo: "Me estoy amputando. Estoy cansada de que estés sentado allí en la cabeza". Vaya, significaría un trauma para el cuerpo y la muerte para la mano. Debemos aprender algunos hechos prácticos acerca del Cuerpo de Cristo. En resumen:

- Una parte no puede funcionar como el todo (1 Corintios 12:14)
- La tarea de uno no puede ser dada a otro (1 Corintios 12:15-17)
- No hay miembros que se coloquen en el cuerpo por sí mismos (1 Corintios 12:18).

- Todos los miembros deben ser dirigidos por la cabeza. Cristo es la cabeza de la Iglesia.

Un joven de mi iglesia anterior se amputó tres dedos mientras cortaba un trozo de panel en un negocio de adaptación de camionetas. Mientras era llevado de prisa al hospital, le preguntaron: "¿Dónde están los dedos?" Un hombre regresó apresuradamente al negocio con un bol con hielo y llevaron los dedos a Birmingham en la ambulancia con el joven. Diecinueve horas de microcirugía reconectaron esos dedos. Si se los hubieran dejado en el aserrín del negocio habrían sido inútiles. Sólo eran útiles si estaban conectados a su cuerpo.

Es por eso que un cristiano necesita estar en el cuerpo local que llamamos iglesia. Necesita estar en su lugar ejerciendo su don para la gloria de Dios.

CAPÍTULO TRES
El hablar en lenguas
y la Escritura

A L TRATAR LOS dones espirituales, el don de lenguas es "un elefante en el salón"ª. Desde el despertar Pentecostal de la calle Azusa en los Ángeles, y el retorno de las lenguas con el resurgimiento del Pentecostalismo en la Iglesia, la gente ha reaccionado con argumentos acalorados, y división.

Definición del hablar en lenguas

La palabra *lenguas* proviene del vocablo griego *glossa*. *Glossa* es el término para el órgano físico y también la palabra para "lenguaje". En el Nuevo Testamento tenemos *glossa*, que significa "lenguaje", así como *laleo*, que significa "hablar". Juntas forman una palabra en griego, *glossalaleo*, que quiere decir "hablar en lenguajes".[1]

A menudo la gente asocia "hablar en lenguas" con la palabra *glossalalía*. En el Nuevo Testamento este término podría ser usado para lenguajes conocidos, lenguajes extranjeros, y lenguajes angelicales (vea 1 Corintios 13:1; Hechos 2:4-6).

Según el *Theological Dictionary of the New Testament* (Diccionario Teológico del Nuevo Testamento) de Gerhard Kittel, el término *glossa* tiene que ver con la manera de hablar. Además podría referirse a un pueblo con su propio lenguaje.[2]

"El fenómeno de glosolalia es un hablar efectuado espiritualmente (1 Corintios 14:2) no a los hombres sino a Dios (1 Corintios 14:2, 28), a veces en forma de alabanza y acción de gracias y posiblemente cantado; en esta articulación inspirada la mente (*noús* en griego) es envuelta de modo que esa misteriosa palabra es oscura tanto para los que hablan como para los oyentes..."[3]

Es importante notar que Satanás tiene la falsificación de este fenómeno. En la religión griega los cultos frigios a Cibeles y Delfos tenían experiencias similares.[4] Tales falsificaciones no deberían desanimar a los verdaderos creyentes llenos del Espíritu Santo.

Hay algunas evidencias de lenguas extáticas en el Antiguo Testamento. El difunto rabino Getz de Jerusalén compartió con Perry Stone que ciertas ceremonias dentro del Lugar Santísimo incluían un lenguaje de oración.[5]

Existe una clara evidencia de éxtasis entre los profetas del Antiguo Testamento. En ocasiones los profetas eran tomados por el Espíritu Santo (1 Samuel 19:20).

A los profetas que fueron a ungir a Jehú en lugar de Jezabel se los consideró locos balbuceantes (2 Reyes 9:11). La gran herramienta de referencia *The Treasury of Scriptural Knowledge* (El Tesoro del conocimiento escritural) dice esto:

> Es probable que hubiera algo peculiar en los modales y las maneras del joven profeta, similar a las vehementes acciones usadas por los profetas cuando estaban bajo la influencia divina, lo cual hizo que los transeúntes usaran ese lenguaje desdeñoso.[6]

Isaías profetizó que Dios le hablaría a Israel en lenguas extáticas, un pasaje citado posteriormente por Pablo en 1 Corintios 14:21:

> Porque mandamiento tras mandamiento, mandato sobre mandato, renglón tras renglón, línea sobre línea, un poquito allí, otro poquito allá; porque en lengua de tartamudos, y en extraña lengua hablará a este pueblo.
>
> —ISAÍAS 28:10-11

El canto profético fue presenciado por el rey Saúl, quien comenzó a hablar por el Espíritu. Fue afectado tan profundamente que las Escrituras declaran que fue "mudado en otro hombre". Además se convirtió en un proverbio en Israel que Saúl estaba entre los profetas (1 Samuel 10:6-10).

El Libro de los Hechos registra que el derramamiento del Espíritu Santo en Pentecostés incluyó manifestaciones de viento, lenguas de fuego y hablar en lenguas. Según Kittel: "Es un don del Espíritu... Toma formas extáticas... Los hablantes parecen estar ebrios...".

Las mismas manifestaciones aparecen a lo largo del Libro de los Hechos. En Hechos 8:5-7 en Samaria; aunque las lenguas no se mencionan, el acontecimiento tiene los mismos elementos que en Pentecostés. En Hechos 10:45-46, en la casa de Cornelio hablaron en lenguas. También en Hechos 19: 6, en Éfeso hablaron en lenguas. Me parece que el ritmo del Espíritu Santo sigue el mandato misionero de Hechos 1:8 de que el Evangelio se moviera desde Jerusalén, a Judea, a Samaria y hasta lo último de la tierra, cumpliendo la Gran Comisión como se halla en Marcos 16:15-20.

¡Jesús prometió que las señales seguirían a los que creen! El hablar en lenguas fue incluido en esas señales.

Cuando pasamos a las epístolas del Nuevo Testamento, encontramos que Pablo trata extensamente el don de lenguas en 1 Corintios. En esta carta Pablo aclara que el don de lenguas incluye tanto lenguajes de la tierra como lenguajes de los ángeles (1 Corintios 13:1). Él incluye al don de lenguas entre los otros dones sobrenaturales o *járisma*, para usar el término griego (1 Corintios 12:7-11). En 1 Corintios 14:2 Pablo trata el elemento de misterio en el don de lenguas.

Yo creo que "orar en el Espíritu" y "cantar en el Espíritu" pueden incluir el uso de lenguas.

En 1 Corintios 14:14-17 el orar en el Espíritu es visto de manera diferente que las lenguas proféticas, que deberían ser interpretadas. (En un capítulo posterior detallaré el valor y la diferencia entre ambos).

Pablo habla de "cantar en el Espíritu" en 1 Corintios 14:15. Creo que los "cánticos espirituales" de Efesios 5:19 incluyen cantos dados por el Espíritu en lenguas además de los lenguajes conocidos. La oración en lenguas está implícita en los comentarios finales de Efesios 6:18.

¡Ciertamente "toda oración en el Espíritu" debía incluir la oración en lenguas! Creo además que Pablo exhorta a Timoteo a hablar en lenguas en su segunda carta (2 Timoteo 1:6).

Timoteo necesitaba ser edificado y fortalecido. La palabra *don* en el versículo mencionado es *járisma*. Encontramos este tema de la edificación o el edificar la propia fe en Judas 20.

La oración en el Espíritu fortalece a los creyentes.

Evidentemente las lenguas eran practicadas en la Iglesia del Nuevo Testamento.

Nota a la traducción:

a. "Un elefante en el salón": expresión idiomática inglesa sin equivalente en español, que mantenemos por su riqueza y precisión. Significa "un problema obvio que nadie quiere tratar" (*Cambridge Academic Content Dictionary*, Cambridge University Press, http://books.google.com/books?id=pqlRO2jdI2gC&pg=PA298&dq=#v=onepage&q&f=false, consultado el 6 de marzo de 2011). Sobre su uso, Wikipedia añade: "El término remite a una cuestión, problema, solución o asunto controversial que es obvio, pero que es ignorado por un grupo de gente, generalmente porque causa vergüenza o es tabú" (http://en.wikipedia.org/wiki/Elephant_in_the_room, consultado el 6 de marzo de 2011, traducción directa).

CAPÍTULO CUATRO
El hablar en lenguas y Jesucristo

¿Cuántas veces he oído a maestros decir que Jesús nunca habló en lenguas? El argumento es lo que quienes estudiamos filosofía llamamos "un argumento desde el silencio". Simplemente, no hay una evidencia directa que diga que Jesús habló en lenguas. No lo discuto, ¡pero tampoco hay evidencia de que no habló en lenguas en su vida de oración! En realidad, quiero compartir con usted mis estudios del Nuevo Testamento Griego y algunas posibilidades acerca de Jesús y las lenguas que podrían sorprenderlo.

Antes de ahondar en esa parte del estudio, permítame decir inequívocamente que Jesús lo aprobó y profetizó acerca del hablar en lenguas. En Marcos 16:17 Él dice: "Y estas señales seguirán a los que creen: En mi nombre echarán fuera demonios; hablarán nuevas lenguas"

Aquí se usa la palabra griega *kainós*, que significa "nuevo e inusual".

Jesús dijo que las nuevas lenguas serían una señal que caería sobre los primeros creyentes cuando difundieran el evangelio. Reconozco que muchos cuestionan[1] el citado versículo de Marcos, pero los últimos versículos de Marcos aparecen en la mayoría de los manuscritos.

Jesús prometió el acompañamiento de señales a todos

los que obedecen la Gran Comisión. Esto se verifica más adelante en el Libro de Hebreos:

> Por tanto, es necesario que con más diligencia atendamos a las cosas que hemos oído, no sea que nos deslicemos. Porque si la palabra dicha por medio de los ángeles fue firme, y toda transgresión y desobediencia recibió justa retribución, ¿cómo escaparemos nosotros, si descuidamos una salvación tan grande? La cual, habiendo sido anunciada primeramente por el Señor, nos fue confirmada por los que oyeron, testificando Dios juntamente con ellos, con señales y prodigios y diversos milagros y repartimientos del Espíritu Santo según su voluntad.
>
> —Hebreos 2:1-4

Dios confirmaba las palabras del Evangelio con dones sobrenaturales, señales y milagros.

Nicodemo y las lenguas

Lo que le voy a compartir puede parecerle inusual. No insisto en que usted esté de acuerdo conmigo, pero le pido que reciba esta investigación con un corazón abierto. En el encuentro de Jesús con Nicodemo hay un magistral juego de palabras en el original griego (Juan 3:5-8).

En este pasaje Jesús les dice a los eruditos en Antiguo Testamento: "Os es necesario nacer de nuevo" (Juan 3:7). La palabra *nuevo* se traduce aquí del griego *ánodsen*, lo cual podría significar *desde arriba*. Uno no puede acceder al Reino de Dios sin un nacimiento espiritual. El reino espiritual se abre a quienes han tenido un segundo nacimiento por el Espíritu Santo.

¿Cómo ilustra Jesús el segundo nacimiento? Él usa la palabra traducida *viento* en nuestra versión castellana. La palabra griega usada normalmente para viento es *ánemos*. Aquí el vocablo es *pneúma*. Esta es la nueva palabra traducida *Espíritu* en Juan 3:5-8. Literalmente Juan 3:8 se leería: "El Espíritu desaparece por donde Él quiere...".

Además, la palabra traducida "sonido" es el vocablo griego *foné*, que significa *con voz*, o *lenguajes*. Es traducida por Vincent en su clásico estudio de las palabras de la siguiente manera: "Tú oyes su voz...".

La Vulgata Latina lo traduce "oyes su voz". Nuestra palabra *fonética* proviene de ese vocablo, que significa *palabras articuladas*.

¿Podría ser que Jesús le estuviera diciendo a Nicodemo que el Espíritu articulará fonéticamente un nuevo lenguaje? ¿Podría traducirse: "El Espíritu sopla sobre quien quiere y tú oyes su lenguaje articulado, pero no puedes decir de dónde viene o adónde va. Así es con todo el que es nacido del Espíritu"?

Cuando Roma trajo su reino a conquistar otra tierra, trajo consigo un lenguaje: el griego, que en ese tiempo era la lengua universal. ¿Podría ser que el Reino de Dios al irrumpir liberara "las lenguas angelicales"?

Seguramente, Nicodemo había estado presente el día de Pentecostés. ¿Qué habrá observado y experimentado ese día? Nicodemo debió haber oído "viento que soplaba" ¡y además el milagro de los lenguajes articulados!

Todo judío debió recordar la fiesta de Pentecostés del Antiguo Testamento. Lo que ocurrió ese día es historia. Dios le habló a Moisés con "voz" y luego descendió en poder, generando sobrenaturalmente relámpagos y truenos, trompetas angelicales y humo (Éxodo 19:16-20). Entonces Dios dio la ley de los mandamientos. Después de todo eso, los del pueblo "temblaron, y se pusieron de lejos" (Éxodo 20:18).

El pueblo le dijo a Moisés que no quería oír el lenguaje del cielo en la voz de Dios (Éxodo 20:19). Moisés trató de disipar sus temores para que pudieran oír por sí mismos la palabra de Dios (Éxodo 20:20). Lamentablemente, "el pueblo estuvo a lo lejos..." (Éxodo 20:21).

Entonces el Señor le dijo a Moisés: "Vosotros habéis visto que he hablado desde el cielo con vosotros" (Éxodo 20:22).

Seguramente Nicodemo había oído el desafío de oír del cielo y no atemorizarse por una poderosa irrupción espiritual. Posiblemente Nicodemo estuvo entre los 120 reunidos en el aposento alto en el Día de Pentecostés. Esta vez tres mil personas se acercaron ¡y recibieron la voz de Dios!

La vida de oración de Jesús

Sabemos que Jesús tenía una profunda vida de oración. Se alejaba por largos periodos para orar. Pasó cuarenta días ayunando y orando antes de comenzar su ministerio de tres años. Se iba a orar a las montañas. Tan profundo era su ejemplo que los discípulos le dijeron: "Enséñanos a orar" (Lucas 11:1).

Es interesante que los discípulos interrumpieran la oración de Jesús en Lucas 11:1. La palabra *terminó* en la versión castellana es el vocablo griego *paúo*, que significa "hacer detener". Jesús fue interrumpido.

Entonces les dio a los discípulos la oración modelo:

> Y les dijo: Cuando oréis, decid: Padre nuestro que estás en los cielos, santificado sea tu nombre. Venga tu reino. Hágase tu voluntad, como en el cielo, así también en la tierra. El pan nuestro de cada día, dánoslo hoy. Y perdónanos nuestros pecados, porque también nosotros perdonamos a todos los que nos deben. Y no nos metas en tentación, mas líbranos del mal.
>
> —LUCAS 11:2-4

Observe que la oración por el reino, el poder y la gloria no está en Lucas. En cambio Jesús se mueve desde el patrón de oración a la persistencia en la oración. Relata la parábola del amigo que llega a medianoche.

> Les dijo también: ¿Quién de vosotros que tenga un amigo, va a él a medianoche y le dice: Amigo, préstame tres panes, porque un amigo mío ha venido a mí de viaje, y no tengo qué ponerle delante; y aquél, respondiendo desde adentro, le dice: No me molestes; la puerta ya está cerrada, y mis niños están conmigo en cama; no puedo levantarme, y dártelos? Os digo, que aunque no se levante a dárselos por ser su amigo, sin embargo por su importunidad se levantará y le dará todo lo que necesite.
>
> —LUCAS 11:5-8

Los estimula a tener un nivel siempre creciente de pasión en la oración: ¡pidan, busquen, llamen!

> Y yo os digo: Pedid, y se os dará; buscad, y hallaréis;
> llamad, y se os abrirá. Porque todo aquel que pide,
> recibe; y el que busca, halla; y al que llama, se le abrirá.
>
> —Lucas 11:9-10

Promete una puerta abierta para todo el que venga a Él en oración. Lucas entonces da el siguiente estímulo:

> Pues si vosotros, siendo malos, sabéis dar buenas
> dádivas a vuestros hijos, ¿cuánto más vuestro Padre
> celestial dará el Espíritu Santo a los que se lo pidan?
>
> —Lucas 11:13

¡La oración justa resulta en que se dé el Espíritu Santo y todos sus dones y gracias! Las oraciones persistentes y apasionadas conducirán a la manifestación del don del Espíritu Santo. ¿Podría eso incluir las lenguas?

Comprender la Gran Comisión

> Finalmente se apareció a los once mismos, estando
> ellos sentados a la mesa, y les reprochó su incredu-
> lidad y dureza de corazón, porque no habían creído
> a los que le habían visto resucitado. Y les dijo: Id por
> todo el mundo y predicad el evangelio a toda criatura.
> El que creyere y fuere bautizado, será salvo; mas el que
> no creyere, será condenado. Y estas señales seguirán a
> los que creen: En mi nombre echarán fuera demonios;
> hablarán nuevas lenguas; tomarán en las manos ser-
> pientes, y si bebieren cosa mortífera, no les hará daño;
> sobre los enfermos pondrán sus manos, y sanarán. Y el
> Señor, después que les habló, fue recibido arriba en el
> cielo, y se sentó a la diestra de Dios. Y ellos, saliendo,

predicaron en todas partes, ayudándoles el Señor y confirmando la palabra con las señales que la seguían. Amén.

—Marcos 16:14-20

Marcos es el Evangelio escrito entre quince y veinte años después de Jesús. Allí está claramente escrito que "hablar en lenguas" es una señal que acompaña no solamente a los apóstoles sino también a todas las personas de fe.

Este pasaje suele ser rechazado debido a los versículos sobre las serpientes y el veneno. Esos versículos no son un consentimiento para manipular serpientes o beber veneno. Simplemente son la promesa de Dios de su protección, poder y comisión si se obedece. Pablo fue protegido cuando en un descuido lo mordió una serpiente en la isla de Malta.

Sería difícil sacar la conclusión de si Jesús habló o no en lenguas. Es evidente que Él enseñó la oración íntima y prometió estos dones a su Iglesia.

CAPÍTULO CINCO
El hablar en lenguas y la historia de la Iglesia

En los últimos años se ha incorporado una nueva palabra a la teología eclesiástica. Esta palabra es *cesacionismo*. Es la creencia de que los dones del Espíritu, el obrar milagros, y las otras señales cesaron con el último apóstol o al cerrarse el canon bíblico (los sesenta y seis libros de la Biblia). Como usted puede ver hay contradicciones incluso en lo que se refiere a cuándo se supone que tuvo lugar esa cesación.

El último apóstol

El cesacionismo enseña que el movimiento de la Iglesia cambió drásticamente con la muerte del último apóstol. En ese tiempo fue escrito el último libro de la Biblia y ¡cesaron todos los dones sobrenaturales incluso las lenguas! El único problema con esto es que no hay ni una pizca de evidencia en las Escrituras ni en la historia que sostenga esta conclusión. En realidad, creer en el cesacionismo es disipar veinte siglos de tradición de la Sagrada Escritura.

El último apóstol que murió fue Juan, alrededor del año 110 d.C. Eso sería dos siglos antes de que los concilios de la Iglesia establecieran los sesenta y seis libros que conforman nuestra Biblia.

Su teoría se basa en los siguientes supuestos:

1. Los milagros sólo ocurren para validar doctrinas.

2. Los milagros sólo ocurren cuando Dios inspira la Escritura.

3. Quienes creen actualmente en las lenguas y los otros dones están anteponiendo su experiencia a las Escrituras.

Sólo tres períodos de milagros

El Dr. John MacArthur —siguiendo las pisadas del erudito calvinista ya fallecido B. B. Warfield— declaró que hay sólo tres épocas de milagros en la Escritura.[1] Según esta teoría los milagros sucedieron solamente:

1. Desde Moisés hasta Josué, dándonos el Pentateuco.

2. Desde Elías a Eliseo, dándonos los profetas.

3. Durante la época de Cristo y los apóstoles, dándonos el Nuevo Testamento.

El problema con este punto de vista es que no está apoyado por la Escritura, ni por la historia de la Iglesia ni por los primeros Padres de la Iglesia. Además, es completamente anulado por la rotunda evidencia bíblica en contrario. El autor Jack Deere ha señalado los milagros de la Escritura fuera de estos tres períodos.[2] Por ejemplo, antes de Moisés usted tiene el rapto de Enoc, el arca de Noé, la destrucción de Sodoma y Gomorra, y el milagro del nacimiento de

Isaac, por nombrar unos pocos. Lo mismo podría decirse de los llamados intervalos. ¡La pura verdad es que Dios nunca cambia! Él puede obrar maravillas en todas las épocas.

Algunos de estos autores que creen en el cesacionismo usan el intelectualismo para combatir las experiencias pentecostales. El difunto B. B. Warfield en su libro *Counterfeit Miracles* (Milagros falsos) dice que "la gente que está en su sano juicio" debería rechazar las lenguas y los milagros.[3]

La arrogancia espiritual dice que quienes hablan en lenguas son ignorantes. Deberían escuchar a Pablo en 1 Corintios 2:14 en que dice:

> Pero el hombre natural no percibe las cosas que son del Espíritu de Dios, porque para él son locura, y no las puede entender, porque se han de discernir espiritualmente.

Sustento bíblico para la continuación de las lenguas

Hay muchas escrituras que sustentan la continuación de las lenguas y de los otros dones, pero concentrémonos en dos: 1 Corintios 1:4-8 y 1 Corintios 13:8-13.

> Gracias doy a mi Dios siempre por vosotros, por la gracia de Dios que os fue dada en Cristo Jesús; porque en todas las cosas fuisteis enriquecidos en él, en toda palabra y en toda ciencia; así como el testimonio acerca de Cristo ha sido confirmado en vosotros, de tal manera que nada os falta en ningún don, esperando la manifestación de nuestro Señor Jesucristo; el

cual también os confirmará hasta el fin, para que seáis irreprensibles en el día de nuestro Señor Jesucristo.
—1 Corintios 1:4-8, énfasis añadido

En el original griego el versículo siete indica que los *járismata* (los dones sobrenaturales) estarán operando a la venida de Jesús. ¡Obviamente no han cesado! Esto es respaldado por otro pasaje de la carta a los Corintios.

> El amor nunca deja de ser; pero las profecías se acabarán, y cesarán las lenguas, y la ciencia acabará. Porque en parte conocemos, y en parte profetizamos; mas cuando venga lo perfecto, entonces lo que es en parte se acabará. Cuando yo era niño, hablaba como niño, pensaba como niño, juzgaba como niño; mas cuando ya fui hombre, dejé lo que era de niño. Ahora vemos por espejo, oscuramente; mas entonces veremos cara a cara. Ahora conozco en parte; pero entonces conoceré como fui conocido. Y ahora permanecen la fe, la esperanza y el amor, estos tres; pero el mayor de ellos es el amor.
> —1 Corintios 13:8-13

Estos son los versículos más mal usados por los cesacionistas. Ellos citan los versículos 8 y 10 para probar que las lenguas han cesado. En el versículo 10 interpretan que *perfecto* es el cierre del canon bíblico. En otras palabras, cuando la Biblia estuvo completa, las lenguas cesaron. (Vea el capítulo 6). La mayoría de los eruditos del Nuevo Testamento, sin embargo, apoyan la interpretación de que *perfecto* representa la Segunda Venida de Cristo.

La historia habla

Hagamos un breve recorrido por el resto de la historia de la Iglesia para ver si encontramos la cesación o la continuación de las lenguas.

Entre los años 99 y 165 Justino Mártir ministró en la Iglesia Primitiva. En su *Diálogo con Trifón* dice: "Ahora es posible ver entre nosotros mujeres y hombres que poseen los dones del Espíritu de Dios..."[4] Obviamente Justino tenía diez años de edad cuando el último apóstol murió, de modo que los dones continuaron.

En el periodo del 130 al 202 Ireneo citó en su libro *Contra las herejías* la operación de todos los dones incluyendo lenguas, exorcismo, milagros, sanidades y resurrección de muertos.[5]

Tertuliano quien sirvió en una megaiglesia en el tercer siglo desafió al hereje Marción a probar la validez del hablar en lenguas.[6] ¡Qué interesante! ¡Aquí estaba un padre de la Iglesia del tercer siglo esperando expectante, con el desafío de que si alguien venía predicando algo, tenía que ser capaz de probarse a sí mismo con la demostración de las lenguas!

El sitio en la Internet del Dr. Montgomery acerca de la historia de la Iglesia registra con certeza ejemplos similares de las lenguas de Urbano, Noeto, Hilario de Poitiers (católico, 367), Ambrosio (católico, 397), Juan Crisóstomo Obispo de 10,000 en Constantinopla (400), y San Agustín (430).[7]

Obviamente el don de lenguas continuó después de los apóstoles.

Al continuar a través de la historia de la Iglesia encontramos que no hay cesación de las lenguas aunque lo sobrenatural disminuyó durante áridas épocas de frialdad espiritual.

Es interesante notar que hasta MacArthur admite: "...después de los apóstoles el hablar en lenguas estaba *casi* exclusivamente en los gnósticos y montanistas".[8]

Como cito en mi anterior libro *Despertado por el Espíritu*, las lenguas, o lo que llamaban expresión extática, puede hallarse entre las filas del cristianismo a lo largo de toda la historia.[9]

Una rápida investigación encontrará las lenguas entre los siguientes grupos en todo el mundo hasta el día de hoy.

Desde 150 a 1.000, grupos tales como los montanistas, novacionistas, donatistas, paulicianos, y otros, hablaban en lenguas. (Los montanistas fueron acusados de ser herejes, pero algunos también acusan a los pentecostales hoy en día. Vea *Despertado por el Espíritu* para la defensa del Montanismo.)

Desde 1100 a 1200, se encuentra que tanto los valdenses como los seguidores de Francisco de Asís daban crédito a las lenguas.

Desde 1300 a 1700 encontramos el don de lenguas entre los anabautistas, el movimiento de profecía, los hugonotes en Francia, los cuáqueros en Inglaterra, y más tarde entre los pietistas (moravos) de Alemania y los metodistas de Inglaterra y Estados Unidos.

Desde 1800 hasta la actualidad tenemos expresiones extáticas evidentes en el segundo Gran Despertar, el Avivamiento del Río Rojo, el Movimiento de Santidad, el Movimiento Pentecostal y el de Azusa, el avivamiento de sanidad con Smith Wigglesworth, A. A. Allen, Oral Roberts, y muchos otros. Además las lenguas fueron muy importantes en el movimiento carismático y en el movimiento de Jesús en las décadas de los 60 y 70.

El hablar en lenguas está teniendo lugar en las principales denominaciones del mundo. Además el surgimiento de revistas y libros carismáticos es un fenómeno. Incluso, la iglesia en la televisión es predominantemente carismática y ha difundido el mensaje de los dones espirituales.

Claramente existe evidencia histórica del hablar en lenguas. Por esa razón, a pesar de su cautela, Pablo advierte a la iglesia primitiva: "No impidáis el hablar lenguas" (1 Corintios 14:39).

CAPÍTULO SEIS

El hablar en lenguas
y la Iglesia

CLAREMOS, UNA VEZ más, qué es el hablar en lenguas. El hablar en lenguas es el espíritu del hombre orando a Dios o hablando con Dios en un lenguaje que el hablante nunca aprendió (1 Corintios 14:2). Su lenguaje puede ser uno de los más de seis mil idiomas humanos o un lenguaje del reino espiritual (1 Corintios 13:1). Este lenguaje es dado por el Espíritu Santo (Hechos 2:4). La oración en lenguas no es comprensible a menos que se dé una interpretación (1 Corintios 14:13-15). La lenguas autenticaron la misión del creyente (Marcos 16:17).

Comprendido esto, es importante observar una distinción entre las lenguas proféticas, que traen una revelación a la Iglesia, y una experiencia de oración, que es privada (1 Corintios 14:5). En una iglesia puede haber confusión si el don privado es ejercido en la asamblea sin interpretación. Esto no excluye el uso de las lenguas no interpretadas de toda la adoración. En Hechos 10:46 la iglesia usaba las lenguas para exaltar a Dios. Además Colosenses 3:16 indica cantar en el Espíritu, lo cual incluiría cantar en lenguas. Si se conducen con cuidado y el cuerpo de la iglesia fluye en conjunto, las lenguas ciertamente pueden dar gloria a Dios.

La abrupta interrupción de un mensaje, oración, o canto por otra persona confunde y no es correcto. (1 Corintios 14:26-33).

En 1 Corintios 14:14 Pablo separa las lenguas públicas del lenguaje de oración privado. Mientras que la lengua pública debe ser interpretada y la adoración en lenguas debe ser explicada y practicada en armonía, el lenguaje de oración es privado y sirve a un propósito diferente. (Vea el próximo capítulo.)

Mi primera experiencia con las lenguas y la interpretación

Después de ser bautizado en el Espíritu Santo, tuve varias experiencias incipientes de hablar en lenguas. Finalmente, la barrera se quebró, y recibí un lenguaje de oración.

Mientras yacía delante del Señor una noche, orando por un amigo pastor que enfrentaba decisiones cruciales en su carrera, sentí que algo surgía de mi espíritu humano. Sentía ola tras ola de gozo en la presencia del Señor Jesús. El poder de su presencia pronto derivó en alabanza de mis labios. Mientras alababa en voz alta, otras sílabas, extrañas para mi mente, comenzaron a surgir, y seguí pronunciándolas.

Al final de ese tiempo de oración, le pedí una interpretación al Señor. Rápidamente trajo a mi mente una palabra de advertencia para que mi amigo no tomara el puesto que se le había ofrecido en un equipo de trabajo. Inmediatamente lo llamé por teléfono con esa palabra.

A los siete días el pastor para quien él habría estado trabajando renunció. Si mi amigo hubiese aceptado ese puesto, habría quedado en el aire.

Los términos bíblicos no son atemorizantes en el Nuevo Testamento griego. *Glossa* significa "lenguas o lenguajes". *Laleo* significa "hablar". Así que *glossolalia* significa "hablar en lenguas o lenguajes". Carismático proviene del griego *járismata*, que significa "dones de gracia". Varias maravillosas palabras inglesas están relacionadas con el vocablo griego *charis*: grace (*gracia*), Messiah (*Mesías*), anoint (*unción*), y joy (*gozo*), por nombrar solamente unas pocas.

Mi mente entonces comenzó a pensar en las personas que conocí durante los años de mi ministerio. Recordaba que, en cada iglesia a lo largo del camino, algunos de los miembros más distinguidos y más fieles me habían hablado de su propio don de lenguas. Ninguno de ellos encajaba en la descripción de divisivo o arrogante. Ninguno jamás me dijo que yo no era salvo o que era espiritualmente inferior porque no estaba de acuerdo con su posición. Sonreían mucho, oraban mucho, daban mucho, y nunca cuestionaron mi liderazgo ni mi enseñanza.

Los problemas nunca surgían de esas personas llenas del Espíritu Santo; más bien los problemas siempre surgían cuando *otros* miembros comenzaban a temer la libertad que esas personas tenían en Cristo. Había tenido en menos a esa gente como si no fuera tan bíblicamente correcta como yo. Sin embargo, esas preciosas personas ni una sola vez hicieron algo para trastornar la iglesia. Practicaban sus dones discretamente.

Durante años exclamé desde el púlpito: "¡Las lenguas han cesado!". Basaba mi postura en 1 Corintios 13:8. Había leído todas las típicas interpretaciones cesacionistas. Ahora me veía obligado a estudiar otra vez 1 Corintios 13. Decía: "Y cesarán las lenguas", en tiempo futuro. Este cesar ocurrirá cuando llegue lo "perfecto" (1 Corintios 13:10). Aunque unos pocos creen que este "perfecto" se refiere a la conclusión del canon bíblico o a que se completara la redacción de las Escrituras, descubrí que muchos eruditos interpretan "perfecto" como una referencia a la Segunda Venida de Jesús. Cuando Él venga, la necesidad de todos los dones espirituales desaparecerá.

Billy Graham ha vuelto a publicar recientemente su libro sobre el Espíritu Santo. Me sorprendió descubrir que el Dr. Graham no cree que las lenguas hayan cesado. Él define así su punto de vista:

> Aunque existe un franco desacuerdo entre los cristianos acerca de la validez de las lenguas en la actualidad, personalmente no puedo hallar ninguna justificación bíblica para decir que el don de lenguas era exclusivamente para los tiempos del Nuevo Testamento...En verdad, las lenguas son un don del Espíritu. Hoy en día hay presbiterianos, bautistas, anglicanos, luteranos y metodistas, además de los pentecostales, que hablan o han hablado en lenguas.[1]

En algún sentido, para muchos cristianos parece más cómodo creer que todas estas manifestaciones espirituales han cesado que preocuparse por que la iglesia moderna controle la libre expresión de los dones. Hoy en día queremos una iglesia ordenada sin las imprevisibles y embarazosas perturbaciones traídas por un Espíritu Santo al que se le da rienda suelta. Escuche a Michael Green:

Simplemente no es el caso que la sanidad, la profecía, el exorcismo, ni el hablar en lenguas murieran con el último apóstol. Menos aún puede usarse un pasaje como 1 Corintios 13:8 ("pero las profecías se acabarán, y cesarán las lenguas…") para avalar la supuesta desaparición de estos dones.[2]

¿Comprende? Los dones acabarán cuando venga lo perfecto en la Segunda Venida, no al final de la era apostólica ni después de la formación del canon del Nuevo Testamento, como algunos creen. Hay mucha evidencia en los días posapostólicos y periódicamente a lo largo de la historia de la iglesia que demuestra que estos dones no se extinguieron en el primer siglo.

Primera de Corintios 1:4-7 demuestra que Pablo esperaba que todos los dones estuvieran operando al fin de los tiempos:

> Gracias doy a mi Dios siempre por vosotros, por la gracia de Dios que os fue dada en Cristo Jesús; porque en todas las cosas fuisteis enriquecidos en él, en toda palabra y en toda ciencia; así como el testimonio acerca de Cristo ha sido confirmado en vosotros, de tal manera que nada os falta en ningún don, esperando la manifestación de nuestro Señor Jesucristo.

Muchos eruditos, tales como Michael Green, Jack Deere, Michael Brown, y Wesley Campbell, citan el material posapostólico y las referencias históricas a un uso ininterrumpido entre algunos grupos a través de los años. En un capítulo posterior daremos un paseo a través de la historia para ver la evidencia del Espíritu Santo a través de las épocas.

El uso de las lenguas proféticas en la actualidad

El tema de las lenguas sigue causando debate entre los eruditos cristianos, pero creo que la Biblia enseña que hay diversos dones de lenguas. Uno de estos es un lenguaje de oración disponible para *todo* cristiano para la edificación individual, y otro es un don de lenguas profético dado para edificar a la Iglesia como cuerpo.

El don de lenguas profético frecuentemente es mal usado y malentendido. Pablo trató este asunto con los cristianos corintios, porque le preocupaba que tuvieran a este don en tan alta estima que amenazara con reducir los demás aspectos de la adoración.

Primera de Corintios 14 registra algunas fuertes advertencias y cuidadosas pautas para su uso en la adoración pública. En las reuniones públicas de la iglesia, el don de lenguas debería ocurrir raramente. Pablo limitó su uso a *tres* veces en una reunión y exigió que cada uno hablara por separado. Las pautas además indican que se requiere un intérprete. Si alguien pronuncia un mensaje en lenguas durante un servicio y no hay interpretación, debe ordenársele a la persona que guarde silencio.

Los beneficios de las lenguas cuando son interpretadas en un servicio pueden ser grandes. El mensaje profético puede edificar, alentar y consolar a otros que están en la iglesia, proveyendo palabras de visión y de esperanza.

Debemos ser conscientes de que los demonios pueden falsificar las lenguas. Así como las personas pueden ser influenciadas por demonios para hacer una falsa profesión de fe, también Satanás puede transformarse en un ministro de iniquidad.

Sin embargo, no es necesario evitar las lenguas por causa del mal uso. Nunca consideraríamos dejar de predicar porque algunas personas respondan a los sermones tomando decisiones falsas.

La sencilla respuesta a esta advertencia es obedecer 1 Juan 4:1-2 y probar los espíritus pidiendo a la persona que ore en lenguas en privado en presencia de un cristiano maduro. El consejero puede pedir al espíritu que habla en lenguas que confiese a Jesús como Señor en la lengua del hablante. He visto confirmar el don de lenguas muchas veces de esta manera.

En algunas ocasiones, sin embargo, he oído la imitación demoníaca. Mientras predicaba en otra ciudad, fui distraído durante un llamado al altar por una mujer que gritaba fuertemente, inclinándose. Sentí que era una interrupción, de modo que procedí a probar al espíritu. Ella respondía gritando "Jesús es *un* señor". Yo respondí: "¿Él es tu Señor?" El demonio en ella me respondió, gritando: "No, Él no es mi Señor". Consecuentemente, echamos fuera de esa mujer al demonio y la guiamos hacia Cristo. Ella era una líder y obrera en su iglesia, y sin embargo, tenía una lengua falsa.

Tenga cuidado de los falsos dones dados por demonios. Satanás falsifica solo lo que es valioso. Los falsificadores humanos no están interesados en falsificar centavos. Falsifican billetes valiosos. De la misma manera, los demonios quieren que la gente reciba un sustituto falso del genuino poder de Dios.

Una segunda advertencia es evitar el orgullo espiritual. Aunque muchos hombres piadosos lo aseguran, una persona no tiene que tener el don de lenguas como evidencia del poder y la unción del Espíritu Santo. No trate de imponer su don a los demás, y humíllese en las manos de Dios quien otorga los dones como Él quiere.

Como dije anteriormente, debemos ser cautelosos cuando el don de lenguas se ejerce en la adoración pública. Se deben seguir las pautas dadas en 1 Corintios 14, y siempre debe haber una interpretación. El pastor o líder debe ser criterioso porque la imitación demoníaca de las palabras proféticas podría causar confusión espiritual en la iglesia.

El hábito de muchos creyentes bienintencionados de apostarse detrás del orador durante un llamado al altar y orar en lenguas puede ser causa de distracción. Podría distraer a los no salvos para que no escuchen el evangelio. Su lenguaje de oración no debería ejercerse en presencia de alguien que no sabe al respecto, para no causar confusión o división.

Es tarea del pastor predicar y enseñar a la iglesia. Nunca es correcto que la enseñanza y la predicación de la Palabra de Dios se vea interrumpida por alguien, sea que hable en lenguas o en un lenguaje natural.

Principalmente por el mal uso y abuso de las lenguas, a lo largo de los años han surgido divisiones y malentendidos. Un creyente que tiene este don debería ser cuidadoso respecto al contexto en el cual lo ejercita. Usar este don donde hay personas que no están acostumbradas ni informadas de su uso no sería amable ni apropiado.

Dicho todo esto, debo afirmar cuidadosamente que no me

atrevería a limitar el obrar de Dios, pero le sugiero que como creyente sea sensible al Espíritu Santo.

Los que hablan en lenguas no son mejores que quienes no las hablan. No critique el don ni tenga celos de quienes lo tienen. Sea agradecido por todos los dones del Cuerpo de Cristo. Una de las mayores bendiciones de la vida cristiana es la diversidad de dones de los creyentes. Cuando el poder de Dios reposa sobre cada uno de sus hijos, el cuerpo cosecha los beneficios.

La Iglesia de hoy no necesita perseguir señales tales como las lenguas. Jesús prometió que éstas y otras señales seguirán cuando los corazones de los creyentes estén hambrientos (Marcos 16). Debemos ser equilibrados, no fanáticos, en cuanto a las lenguas. Recuerde: nuestra meta es salvar las almas perdidas.

CAPÍTULO SIETE
El hablar en lenguas y el individuo

COMO MENCIONÉ EN el capítulo anterior, el Nuevo Testamento diferencia entre el uso público de las lenguas y la experiencia privada de oración. Pero, ¿para qué sirve un lenguaje de oración? ¿Son las lenguas puro balbuceo emocional? ¿Hay bendiciones que vienen de hablar en lenguas?

Los beneficios de las lenguas cuando se interpretan en un servicio pueden ser grandes. El mensaje profético puede edificar, animar y consolar a otros de los presentes, proveyendo palabras de visión y esperanza.

Aunque el uso del don profético de lenguas pueda estar limitado hoy en la adoración pública, su uso por el creyente individual es claramente enseñado en las Escrituras. Pese a todas las precauciones citadas en 1 Corintios 14 concernientes a la práctica de las lenguas, Pablo advierte con firmeza a los enemigos de la libertad: "No impidáis el hablar lenguas" (1 Corintios 14:39). Y declaró: "Hablo en lenguas más que todos vosotros" (1 Corintios 14:18).

En la monumental obra de Gordon Fee, *God's Empowering Presence: The Holy Spirit in The Letters of Paul* [La presencia de Dios que imparte poder: El Espíritu Santo en las cartas de Pablo], él dice esto:

Me sentí pasmado cuando tomé conciencia de la profundidad de la dependencia de Pablo de la obra sobrenatural y el poder del Espíritu Santo. Pablo oraba y cantaba en el Espíritu. El fariseo legalista que parecía tan duro estalló en gozo y libertad al convertirse. Incluso cuando describía el reino de Dios, Pablo apenas podía contenerse mientras exclamaba: "El reino de Dios no es comida ni bebida, sino justicia, paz y gozo en el Espíritu Santo."[1]

Los beneficios del lenguaje de oración privado

Aun quienes reconocen la posibilidad de que los dones continúen suelen encontrar un escollo insalvable en las lenguas. Además, los que están dispuestos a aceptar el uso público y congregacional de las lenguas, se sienten frustrados por la idea de un "lenguaje de oración privado". "No tiene sentido", arguyen. "Las lenguas edifican al Cuerpo (de la Iglesia), pero el creyente ni siquiera puede entender lo que balbucea en privado". ¿Cuáles son entonces los beneficios de este singular don de Dios? Pierda cuidado, ¡hay muchos!

Provee una nueva y gozosa conexión con Dios

El primer beneficio que vemos en las lenguas es que el don libera gozo en la vida del creyente. El don de lenguas permite que el espíritu de uno se comunique directamente con el Espíritu de Dios: "Porque el que habla en lenguas no habla a los hombres, sino a Dios" (1 Corintios 14:2). Esta intimidad en la amistad produce gozo.

Muchas veces cuando se mencionan las lenguas,

encontramos que las personas además "glorificaban a Dios", tal como en Hechos 10:46. Cuando María exalta a Dios esperando el nacimiento de Jesús, declara: "Y mi espíritu se regocija en Dios mi Salvador" (Lucas 1:47). La palabra griega traducida *regocija* literalmente significa "saltar de gozo". Aunque no sabemos si María alabó a Dios en lenguas, hubo en su espíritu un movimiento literal en respuesta al gozo del Espíritu Santo, que la había cubierto en preparación para la venida de Jesús.

En nuestro cristianismo occidental, parecemos estar saturados de una visión de Dios basada en la filosofía griega y el racionalismo en vez de en el poder del Espíritu Santo. No soy antiintelectual ni creo que nadie deba poner su cerebro en un estante cuando viene a la iglesia. Después de todo, se nos dice que amemos al Señor nuestro Dios con todo nuestro corazón, con toda nuestra alma, ¡y con toda nuestra *mente*! Pero nuestras mentes están oscurecidas y corrompidas, y siempre tenemos que batallar con el hombre natural, o la carne. Claramente se nos dice: "El hombre natural no percibe las cosas que son del Espíritu de Dios" (1 Corintios 2:14). En otras palabras, nuestra carne lucha contra las cosas que no son explicables.

Existe un reino espiritual por el cual Dios se comunica con el espíritu y luego con la mente. Sólo cuando nos entregamos quebrantados y rendidos, Dios puede renovar nuestra mente y revelarse a nosotros.

Provee entendimiento espiritual

Hablar en lenguas puede dar la capacidad de comprender algunos de los misterios de la vida: "Por el Espíritu habla misterios" (1 Corintios 14:2). A menudo no sabemos cómo orar como debiéramos, pero por medio del Espíritu se nos revela la manera. En realidad, aprendemos que el Espíritu mismo ora por nosotros, como se revela en Romanos 8:26-27 (LBLA):

> Y de la misma manera, también el Espíritu nos ayuda en nuestra debilidad; porque no sabemos orar como debiéramos, pero el Espíritu mismo intercede *por nosotros* con gemidos indecibles; y aquel que escudriña los corazones sabe cuál es el sentir del Espíritu, porque El intercede por los santos conforme a *la voluntad de* Dios.

El Espíritu Santo ora por nosotros cuando no sabemos cómo hacerlo. El Padre conoce nuestras necesidades antes de que le pidamos nada. Estoy seguro de que una persona puede ser guiada por el Espíritu a orar en su lengua nativa, sin embargo, Dios ha provisto también un lenguaje de oración por medio del cual podemos comunicarnos espíritu a Espíritu con el Señor. Pablo trató esto extensamente en 1 Corintios 14:

> Porque el que habla en lenguas no habla a los hombres, sino a Dios; pues nadie le entiende, aunque por el Espíritu habla misterios... El que habla en lengua extraña, a sí mismo se edifica; pero el que profetiza, edifica a la iglesia... Porque si yo oro en lengua desconocida, mi espíritu ora, pero mi entendimiento queda sin fruto. ¿Qué, pues? Oraré con el espíritu, pero oraré también con el entendimiento; cantaré con el espíritu, pero cantaré también con el entendimiento.
>
> —1 Corintios 14:2, 4, 14-15

Pablo dedicó la mayor parte de 1 Corintios 14 a la necesidad de que la interpretación acompañe a las lenguas en la adoración pública. Sin embargo, les recordó a los creyentes que hay grandes beneficios en el uso de las lenguas en la oración privada. Los anima a usar sus dones apropiadamente.

Hay un misterio respecto a la oración, que hace que nos preguntemos por qué es necesario que oremos si Dios está siempre presente y lo sabe todo. La respuesta es ésta: no oramos para informar a Dios, sino para ajustar nuestra vida a lo que Él ya ha puesto en marcha. A Dios le agrada que oremos. Él nos ha llamado a interceder. Él dispuso obrar solamente en respuesta a la oración. Una persona puede orar con el Espíritu o con el entendimiento. Cuando oramos en el Espíritu, Dios se mueve a través de nosotros para que oremos por lo que nuestra carne nunca podría comprender.

En 1 Corintios 4:1 descubrimos que somos "administradores de los misterios de Dios". "Administradores" también podría traducirse como "gerentes". Como gerente, uno debe saber cómo obtener y transferir recursos adonde pueden ser necesarios.

Una sabiduría oculta precede al orden creativo. Esta sabiduría no era algún conocimiento humano superior revelado sólo a unos elegidos, como creen algunos. Era una revelación de los propósitos de Dios, manifestada por el Espíritu de Dios al cristiano que ora.

Cuando abrimos el espíritu humano a Dios, las Escrituras se tornan más vivas para nosotros. El poder de Dios se manifiesta. El Espíritu Santo agiliza nuestro espíritu y nos unge para recibir la verdad de la Palabra de Dios. En vez de aprender la Escritura como historia o literatura, el Espíritu Santo nos da la capacidad de captar "las cosas de Dios" mientras leemos la Palabra inspirada de Dios. Una unción de entendimiento viene sobre los creyentes.

> Pero la unción que vosotros recibisteis de él permanece en vosotros, y no tenéis necesidad de que nadie os enseñe; así como la unción misma os enseña todas las cosas, y es verdadera, y no es mentira, según ella os ha enseñado, permaneced en él.
>
> —1 Juan 2:27

Pablo tenía un conocimiento efectivo del Antiguo Testamento antes de ser salvo y lleno del Espíritu Santo. Sin embargo, cuando Pablo oraba en el Espíritu y experimentaba la propia presencia de Dios, el Espíritu Santo le daba una comprensión más profunda de las Escrituras. Lo mismo es hoy; el Espíritu Santo no trae una nueva verdad, pero brinda nueva revelación de la verdad que ya ha sido revelada en la Escritura, cuando oramos en el Espíritu. Estamos corazón a corazón con Dios sin el filtro de nuestra carne.

Esta revelación especial hará que usted detenga su lectura en medio de un pasaje de la Escritura y sienta como si el pasaje saltara de la página con suma claridad. Puede parecer que el versículo cobra vida para usted y le habla personal y directamente.

Provee poder y fortaleza

La oración en el Espíritu fortalecerá al hombre interior. Aunque el Espíritu Santo usa libremente muchas maneras de animar y vigorizar a los creyentes, el lenguaje de oración es un medio que Él usa para fortalecernos. El principal uso de las lenguas en la actualidad es la edificación personal, o la edificación del espíritu individual para el ministerio.

Primera de Corintios 14:4 se suele citar críticamente para condenar las lenguas como un don egoísta: "El que habla en lengua extraña, a sí mismo se edifica". Es cierto que los dones se otorgan para la edificación o el fortalecimiento de toda la Iglesia como Cuerpo de Cristo. Sin embargo, el cuerpo está formado por miembros individuales que necesitan fortaleza y bendición individual. En este versículo, Pablo nos habló de los beneficios de su lenguaje de oración, y como ya leímos en el versículo 15 del mismo capítulo, enfatizó nuevamente su determinación de continuar la práctica en su propia vida al afirmar: "Oraré con el espíritu, pero oraré también con el entendimiento". Él sabía que el cuerpo corporativo sólo es tan fuerte como lo son los miembros individuales, y que él debía seguir ejercitando de modo privado un don que Dios le había otorgado específicamente para fortalecerlo en su ministerio.

Si juego en un equipo de fútbol, ¿me considerarán egoísta por tomar parte en un entrenamiento personal para acrecentar mi fuerza? ¿Sería egoísta por hacer ejercicios y levantar pesas? Por supuesto que no, ya que mi fuerza individual se añadiría a la fuerza del equipo. Un lenguaje de oración puede fortalecer al hombre interior. Pablo oraba para que sus compañeros creyentes aprendieran esta verdad a fin de que fueran "fortalecidos con poder en el hombre interior por su Espíritu" (Efesios 3:16). Este fortalecimiento incluye una confirmación de la fe, lo que creemos, así como también la capacidad de ejercitar la fe en la obra de Dios. Lea los versículos veinte y veintiuno de Judas:

Pero vosotros, amados, edificándoos sobre vuestra
santísima fe, orando en el Espíritu Santo, conser-
vaos en el amor de Dios, esperando la misericordia de
nuestro Señor Jesucristo para vida eterna.

Porque el creyente es edificado por medio de la oración en
el Espíritu Santo, hay una posibilidad de "conservarse en el
amor de Dios" y también "esperar la misericordia de nuestro
Señor Jesucristo". Más allá de esto, esta "edificación" incluye
proveer la capacidad de profetizar o proclamar públicamente
la Palabra de Dios. El don de lenguas suscita el don profético. En 1 Corintios 14:5 el texto revela: "Así que, quisiera que
todos vosotros hablaseis en lenguas, pero más que profetizaseis". Escuche esta frase: "pero más que profetizaseis". Las
traducciones no comunican todo el efecto del original griego.
Si usted investiga este versículo palabra por palabra en cual-
quiera de las excelentes concordancias o en los textos inter-
lineales griegos, encontrará que ésta es la traducción más
literal: "Quisiera que hablaran mucho en lenguas para que
puedan profetizar mejor".

En versículos posteriores, Pablo decía que prefería hablar
cinco palabras comprensibles, antes que diez mil palabras
en lenguas cuando esas lenguas no podían ser claramente
interpretadas. Nosotros también consideraríamos que una
persona debe orar diez mil palabras privadamente en su habitación antes de hablar ante el pueblo de Dios. Voy temprano a
mi oficina los domingos por la mañana, ya que considero que
antes de subir a predicar al cuerpo de la iglesia, debo pasar
tiempo ejercitando mi lenguaje de oración. De ningún modo
es un mero ritual; antes bien, edifica mi espíritu y estimula

el don profético en mí para que pueda hablar su Palabra con valentía.

Permite una nueva dimensión de adoración

Las lenguas también pueden ser una forma de adoración para el creyente. Pablo confesó que cantaba en el Espíritu así como oraba en el Espíritu. En Hechos 10:46 se registra que "los oían que hablaban en lenguas, y que magnificaban a Dios". El día de Pentecostés, ocurrió tanto un milagro de hablar como un milagro de comprender. Los apóstoles hablaron con expresiones extáticas, y muchos dialectos fueron comprendidos.

Si usted se imagina la escena de Pentecostés, tendrá que admitir que este acontecimiento probablemente no incluyó lenguas proféticas, interpretadas. Miles de personas se habían reunido para averiguar qué había pasado con los apóstoles. Un viento poderoso soplaba por la habitación al tiempo que todas las fuertes voces de los apóstoles alababan a Dios en lenguas. Sin embargo, por encima de todo el ruido, ¡la gente oía en su propio lenguaje las lenguas de Pentecostés dándole gloria a Dios!

Este incidente parecería incluir un milagro de oír tanto como de comprender, porque no se mencionan intérpretes en el Libro de los Hechos. Las lenguas fueron usadas para adorar y alabar en presencia de creyentes. Aunque no deseo decir que Dios no pueda obrar como Él quiera, pienso que las Escrituras indican que mayormente se requiere un intérprete cuando las lenguas se usan en la adoración pública.

Cómo desatar los dones de lenguas

Un estudio de las Escrituras revela que el hablar en lenguas probablemente fue el don más común practicado por los creyentes de la iglesia primitiva. Definitivamente fue la primera señal de dones provistos a la iglesia primitiva. ¿Cómo puede usted reconocer y desatar este don en su propia vida? Hay un proceso:

1. Usted deseará tener intimidad con el Señor.

2. Usted percibirá que su espíritu humano y el Espíritu de Dios desean comunicarse.

3. El Espíritu Santo se levantará dentro de usted, y su espíritu humano hablará por medio de las cuerdas vocales.

4. Usted debe ejercer su voluntad. Debe elegir hablar abriendo su boca y permitiendo que fluya el lenguaje del cielo.

5. Su espíritu conocerá este lenguaje, y usted podrá hablarlo a voluntad. Además, puede dejar de hablarlo cuando quiera.

Si usted no recibe este don, no se inquiete ni se sienta inferior. Dios puede desear desatar otros dones en usted. Después, Dios puede darle también este don.

CAPÍTULO OCHO
El hablar en lenguas como evidencia del bautismo en el Espíritu

EL PENTECOSTALISMO ES considerado por muchos un nuevo fenómeno incorrecto en la historia de la Iglesia. Yo discutiría eso basándome en el hecho de que el cristianismo apostólico, pentecostal, tiene una línea constante en la historia de la Iglesia como lo demostré brevemente en el capítulo sobre la historia de la Iglesia y las lenguas.

Como principal movimiento de rápido crecimiento, el pentecostalismo ya ha tomado la delantera. El incremento del pentecostalismo y del hablar en lenguas tiene ciertos indicadores. El Movimiento de Santidad del siglo diecinueve dio origen al pentecostalismo de hoy.

He descubierto libros como el *The Baptism of the Holy Spirit* (El bautismo en el Espíritu Santo) de Asa Mahan, escrito en 1870, y *The Tongue of Fire* (La lengua de fuego) de William Arthur, que fue escrito entre 1856 y 1870. Aunque no tengo copias, los títulos parecen predecir lo que estaba viniendo. El Rvdo. Charles Parham, un predicador de Santidad y presidente del Bethel Bible College (Instituto Bíblico Betel), predicó un avivamiento en Topeka, Kansas. En la reunión una mujer llamada Agnes Ozmar habló en lenguas. ¡Ella era metodista!

De ese instituto y de ese avivamiento provino un predicador afroamericano llamado William Seymour. Él comenzó una iglesia en Los Ángeles, California. A esa reunión asistían tanto angloamericanos como afroamericanos. Provenían de la iglesia bautista y de la iglesia de la Santidad. Algunos venían de la Primera Iglesia Bautista de Los Ángeles, donde con el Rvdo. Joseph Smale había comenzado un avivamiento de catorce semanas, que fue rechazado por los diáconos.[1]

El 9 de abril de 1906, un hombre llamado Edward Lee y una mujer llamada Jennie Moore hablaron en lenguas. Había nacido la Misión de la Fe Apostólica de la calle Azusa. Este movimiento se difundió desde allí hasta propagarse por todo el mundo. Al principio fueron mayormente iglesias de la Santidad las que se convirtieron en iglesias Pentecostales de Santidad. Surgieron otros grupos que ahora son grandes movimientos, tales como la Iglesia de Dios en Cristo, Iglesia de Dios (Cleveland, Tennessee), las Asambleas de Dios y otros. Este poderoso movimiento ha derribado barreras raciales, denominacionales y de género.

Tres grupos principales de pentecostales

Primero, algunos provenientes de la Santidad creían que los creyentes deben ser justificados (salvos), plenamente santificados (nueva vida del Espíritu), y bautizados por el Espíritu Santo con las lenguas como evidencia inicial. Permítame decir rápidamente que la mayoría de las asociaciones pentecostales ya no aceptan este proceso de tres pasos.

Segundo, están otros pentecostales tales como las Asambleas de Dios que no incluyen el segundo paso de santificación total, sino que creen que cualquier cristiano puede ser bautizado por el Espíritu Santo. Ellos creen que las lenguas son la evidencia inicial de este bautismo.

Tercero, tiene a los Unicitarios o "Sólo Jesús", que creen que el bautismo de la iglesia primitiva era realizado sólo en el nombre de Jesucristo. Este grupo también cree que las lenguas son la evidencia inicial del bautismo en el Espíritu Santo.

Sustento para las lenguas como evidencia

Encontré dos fuertes sustentos para las lenguas como evidencia. Primero, el registro bíblico del Libro de los Hechos. Cuando comenzamos a escudriñar el registro histórico del Dr. Lucas encontramos un firme sustento para el hablar en lenguas como una evidencia para el bautismo con el Espíritu. Veamos el registro de Hechos 2:2-4:

> Y de repente vino del cielo un estruendo como de un viento recio que soplaba, el cual llenó toda la casa donde estaban sentados; y se les aparecieron lenguas repartidas, como de fuego, asentándose sobre cada uno de ellos. Y fueron todos llenos del Espíritu Santo, y comenzaron a hablar en otras lenguas, según el Espíritu les daba que hablasen.

En el Día de Pentecostés tenemos el bautismo en el Espíritu Santo profetizado por Juan el Bautista y prometido por Jesús. (Vea Lucas 3:16; 24:49; Hechos 1:5).

Evidentemente, en el Día de Pentecostés hubo un milagro

de hablar en lenguas y un milagro de comprensión. Al seguir su viaje por el Libro de los Hechos usted encuentra lo que se ha llamado el Pentecostés Gentil en Hechos 10:44-48:

> Mientras aún hablaba Pedro estas palabras, el Espíritu Santo cayó sobre todos los que oían el discurso. Y los fieles de la circuncisión que habían venido con Pedro se quedaron atónitos de que también sobre los gentiles se derramase el don del Espíritu Santo. Porque los oían que hablaban en lenguas, y que magnificaban a Dios. Entonces respondió Pedro: ¿Puede acaso alguno impedir el agua, para que no sean bautizados estos que han recibido el Espíritu Santo también como nosotros? Y mandó bautizarles en el nombre del Señor Jesús. Entonces le rogaron que se quedase por algunos días.

Aquí el Espíritu Santo cae en la casa de Cornelio y nuevamente hablan en lenguas. Más tarde, Pedro usaría el derramamiento en la casa de Cornelio y el hablar en lenguas como evidencia de que los gentiles podían ser incluidos en la familia.

Trece años después en Éfeso Dios desciende otra vez con la misma manifestación del hablar en lenguas (Hechos 19:1-7).

Como nota al margen, es interesante que en Apocalipsis 2 Jesús llama a la iglesia de Éfeso a volver a su primer amor y a sus primeras obras. Obviamente, las primeras obras incluían el hablar en lenguas como una evidencia para el bautismo en el Espíritu. Parece que el registro bíblico indica una manifestación de las lenguas cuando las personas son bautizadas en el Espíritu.

Una segunda prueba, creo, se halla en los problemas con las lenguas en Corinto. Las lenguas, obviamente, eran el don que más prevalecía, y como muchos tenían al menos un lenguaje de oración, había surgido el mal uso. Puesto que el lenguaje de oración era común, podía ser un problema.

Más allá de estas dos pruebas permítame indicar además que el bautismo en el Espíritu Santo es llamado "arras" o "garantía" de la herencia en el mundo venidero (Efesios 1:14). (Vea mi libro *Una guía esencial para el bautismo en el Espíritu Santo*).

Este "sello" o "garantía", era una manifestación exterior visible de la obra de Dios en la vida de alguien. ¿Podrían ser las lenguas la evidencia de esa garantía?

Finalmente, como he demostrado, parece haber un estallido del hablar en lenguas, una experiencia extática, y obras inusuales en la irrupción del avivamiento.

¿Una evidencia o *la* evidencia?

Aquí es donde se suscita la controversia entre los pentecostales y los carismáticos. Creo que en este punto debemos usar el amor como guía. En 1 Corintios 13:1 Pablo dice que las "lenguas" no son más que un ruido si no mostramos el amor ágape. Debemos comprender que "el hablar en lenguas" no puede hallarse como parte esencial de ningún credo o confesión apostólico de la iglesia primitiva. Importante como es este don para los creyentes, *nunca* fue una prueba de comunión.

Permítame decir que no hay una declaración indiscutible del hecho de que el hablar en lenguas sea la evidencia del bautismo en el Espíritu Santo en el Nuevo Testamento. Nuestra creencia en las lenguas no debe ser equiparada al nacimiento virginal de Cristo, la Trinidad, la cruz, la resurrección y la Segunda Venida de Cristo.

Aunque creo que todo creyente podría tener un lenguaje de oración, conozco a algunos que han tenido una experiencia transformadora con el Espíritu Santo, y sin embargo, todavía no han tenido esta manifestación. Otros que he conocido han tenido esa experiencia, pero sienten que es un lenguaje de amor privado entre ellos y Dios.

Además, la elevación del hablar en lenguas y su abuso han alejado a personas del mensaje salvador de Jesucristo. Hasta Pablo tuvo que intervenir por el mal uso de las lenguas en la Iglesia de Corinto.

Abba Padre y el bautismo en el Espíritu

Más evidencia y una sencilla explicación inicial para quienes reciben el bautismo en el Espíritu Santo puede encontrarse en dos escrituras del Nuevo Testamento. Escuche a Pablo en Gálatas 4:4-7 al describir a Dios cuando envía al Espíritu Santo a la vida de uno:

> Pero cuando vino el cumplimiento del tiempo, Dios envió a su Hijo, nacido de mujer y nacido bajo la ley, para que redimiese a los que estaban bajo la ley, a fin de que recibiésemos la adopción de hijos. Y por cuanto sois hijos, Dios envió a vuestros corazones el Espíritu de su Hijo, el cual clama: ¡Abba, Padre! Así que ya no eres esclavo, sino hijo; y si hijo, también heredero de Dios por medio de Cristo.

Pablo describe la obra salvadora de Cristo para rescatar a los creyentes del decreto de muerte dado por la ley. Como resultado de esto, viene una segunda comprensión de la bendición. Dios envió su Espíritu a nuestro corazón el cual "clama Abba Padre".

Una obra inicial del Espíritu Santo es marcar al creyente como hijo o heredero de Abba Padre. *Abba* es el término hebreo y árabe de cariño para el padre de uno, ¡cómo papito o papá en español!

Pablo, entonces, registra la respuesta del creyente ante esta entrada del Espíritu Santo que clama "Abba Padre", en el capítulo 8, versículos 12-16, de su carta a los Romanos:

> Así que, hermanos, deudores somos, no a la carne, para que vivamos conforme a la carne; porque si vivís conforme a la carne, moriréis; mas si por el Espíritu hacéis morir las obras de la carne, viviréis. Porque todos los que son guiados por el Espíritu de Dios, éstos son hijos de Dios. Pues no habéis recibido el espíritu de esclavitud para estar otra vez en temor, sino que habéis recibido el espíritu de adopción, por el cual clamamos: ¡Abba, Padre! El Espíritu mismo da testimonio a nuestro espíritu, de que somos hijos de Dios...

Cuando recién somos bautizados por el Espíritu Santo, "clamamos Abba Padre". Ahora ya no estamos limitados por la carne, cautivos de nuestros viejos deseos, ni tampoco estamos sin dirección ni futuro. Hasta el sufrimiento puede comprenderse porque el Espíritu Santo nos ha sellado como hijos de Abba Padre. Creo que aceptamos la obra completa del Espíritu Santo al confesar a Dios como nuestro Abba Padre en la tierra hoy. Sin embargo, después de eso podemos experimentar un nivel más profundo de intimidad que podría y debería incluir el hablar en lenguas.

CAPÍTULO NUEVE
El hablar en lenguas y la ciencia

HACE AÑOS, DURANTE el movimiento carismático de la década de los años 70, se hizo público un informe sobre un estudio que se había realizado en la universidad de Toronto, Canadá, que refutaba las lenguas. El informe aseguraba que el departamento de idiomas había grabado lenguas en una cinta y no había podido encontrar evidencia de ningún lenguaje. Cuando comencé a investigar para este estudio, ¡no pude encontrar ningún registro de eso! Mi investigación encontró que el llamado estudio de Toronto fue un trabajo de investigación hecho por un estudiante de posgrado. Un llamado telefónico a la Universidad de Toronto dio como resultado ¡su negación de tal estudio! Sin embargo, esta historia continúa circulando treinta años más tarde.

En realidad, los nuevos lenguajes y dialectos siguen siendo muy comunes en el mundo. Cuando yo era estudiante en la Universidad de Samford, mi profesor de griego señaló que existen ¡más de seis mil lenguajes conocidos en el mundo! ¿Cómo podría alguien ser capaz de decidir lo que es un lenguaje y lo que no? Más allá de eso, Pablo habla de "lenguas angelicales". Esto indica que existen más lenguajes asequibles desde las dimensiones celestiales.

El *New York Times* y las lenguas

En 2006, Benedict Carey escribió un informe sobre una investigación realizada en la Universidad de Pensilvania acerca de hablar en lenguas. Este artículo está disponible en el sitio web del *New York Times*.

En este artículo se habla de "los apasionados, a veces rítmicos patrones de casi lenguaje que fluyen de quienes hablan en lenguas".[1] En investigaciones de la universidad obtuvieron imágenes del cerebro de cinco mujeres mientras hablaban en lenguas y encontraron que sus lóbulos frontales —las partes del cerebro del pensamiento voluntario por medio del cual las personas controlan lo que hacen— estaban relativamente calmos, así como los centros normales del lenguaje. Estas imágenes se expusieron en "Psychiatric research" ("Investigación Psiquiátrica") y muestran que las imágenes apoyan la interpretación de las personas acerca de lo que estaba ocurriendo.[2]

El equipo de estudio incluyó al Dr. Andrew Newberg, Donna Morgan, Nancy Wintering, y Mark Waldman. Como el centro del lenguaje humano en el cerebro está quieto, parece que Dios está hablando a través de ellos. La ciencia avala el hecho de que las lenguas genuinas provienen de afuera del creyente. Además, informan que la persona recibe afectos, placer y emociones positivas.[3]

¡La ciencia afirma que las lenguas provienen de afuera de la mente del creyente! De pronto encontramos que el creyente que habla en lenguas se está comunicando a un nivel que la ciencia comprende, pero que no puede explicar.

Mozart y las lenguas

Hay un éxito de ventas llamado *El efecto Mozart*, de Donald Campbell, que habla del poder sanador de la música.[4] Bueno, la obra no es un libro cristiano, y no estoy de acuerdo con todas las conclusiones del autor, pero ese libro contiene algunas verdades interesantes. Una: la música compuesta por Mozart a la edad de seis años tiene poder para sanar. Mozart creía que la música venía de Dios. Han ocurrido milagros notables cuando se ha expuesto a niños a la música clásica de compositores cristianos. Se encuentran historias extraordinarias de sanidad en ese libro. Es interesante que Campbell hacía repetir una y otra vez a los estudiantes frases que ellos no entendían. Él llama "glosolalia secular" a esta práctica. Aunque no es claro, creo que Campbell había extraído este sonido de un genuino hablar en lenguas. Los estudiantes que hablan en lenguas se sienten sumamente renovados por la experiencia.[5] Yo no recomiendo esto; simplemente informo la credibilidad que la investigación científica da a las lenguas.

Campbell cita además el notable poder sanador del canto gregoriano, una forma de alabanza y adoración cristiana, desde hace mucho tiempo. Los monasterios benedictinos han restablecido esta antigua forma musical. Este método de canto llano, como se lo llama, fue introducido por el Papa Gregorio a fines del siglo sexto. El canto fue recibido como una paloma que volaba en representación del Espíritu Santo.[6] El Papa Gregorio dijo que el Espíritu Santo susurró este canto en su oído y su espíritu lo cantó.[7]

Esta poderosa música del cielo parece ser como cantar en lenguas. Fue revivido en el siglo veinte y ha dado nueva vida al espíritu del hombre.[8] El canto gregoriano según Campbell "permitía a quienes lo practicaban prepararse para este viaje viviendo en dos mundos a la vez".[9] En la actualidad los benedictinos creen que el coro de ángeles del cielo se une a sus cantos y los bendice con un ciclo interminable de inspiración sónica".[10]

Pablo habló de cantar en lenguas en 1 Corintios 14:15. A fines de la década de los 40 y principios de los 50, hubo un movimiento llamado el coro celestial. En la actualidad, mientras alaba al Señor, nuestra iglesia suele entrar en un ritmo musical y en lenguas guiado por Dios que no es aprendido ni está en el programa escrito.

La adoración fortalecida

Las lenguas pueden usarse proféticamente para edificar a la iglesia. Las lenguas pueden usarse en oración para fortalecer al individuo. También pueden manifestarse musicalmente. Este ritmo celestial glorifica a Dios y trae a la tierra la dimensión celestial. Cuando esto sucede y los cielos se abren pueden ocurrir milagros y sanidades inusuales. Nuestros cuerpos caídos pueden experimentar el eterno ritmo de los cielos. En tal estado nuestras almas pueden ser restauradas.

En Hechos 10:45-46, Lucas registra un momento significativo de la historia de la Iglesia universal:

> Y los fieles de la circuncisión que habían venido con Pedro se quedaron atónitos de que también sobre los gentiles se derramase el don del Espíritu Santo. Porque

los oían que hablaban en lenguas, y que magnificaban a Dios.

Pedro y otros judíos habían llegado a Cesarea desde Jope por invitación de un centurión italiano llamado Cornelio. ¡Un *gentil*! Pero Dios le había dado una visión específica a Cornelio. En la visión, Dios le dijo que enviara a buscar a Pedro. Mientras los sirvientes de Cornelio iban de camino, Pedro tuvo la conocida visión en la azotea. Allí Dios preparó su corazón para extender la Palabra a la casa de Cornelio.

Aquí es donde el relato se vuelve sorprendente. Pedro accedió a ir con el grupo mencionado. Cuando llegaron y predicaron el evangelio a Cornelio y su casa, se nos dice en Hechos 10:44 que "el Espíritu Santo cayó sobre todos los que oían el discurso".

Ahora tenemos que rever Hechos 10:1-2. Aquí vemos que Cornelio, a quien el capítulo describió antes como "un hombre piadoso" y "temeroso de Dios" que "hacía muchas limosnas al pueblo" pero que nunca había oído acerca de Jesucristo, oye el evangelio por boca de Pedro. Mientras lo escucha, él comienza a hablar en lenguas, junto con todos los presentes.

Fue entonces que los judíos presentes "se quedaron atónitos de que también sobre los gentiles se derramase *el don* del Espíritu Santo". Aquí las lenguas no fueron interpretadas como profecía ni usadas como oración. En Hechos 10:45 las lenguas surgieron como una forma de adoración. Dios es glorificado. Él es engrandecido y nosotros menguamos cuando su reino se mueve en la tierra. La Iglesia entonces acepta el plan de nuestro Señor Jesucristo.

Tanto la ciencia como la Escritura reconocen el hablar en lenguas.

CAPÍTULO DIEZ
El hablar en lenguas y el orden

UNA VEZ oí a un querido hermano en Cristo decir que los grandes dones del Espíritu Santo traían unidad. Hay muchos que creen esto, pero tristemente no es así. Se nos dice en Hechos 2 que antes de la venida del Espíritu Santo:

> Cuando llegó el día de Pentecostés, estaban todos unánimes juntos.

Vemos aquí que la unidad estaba presente antes de que el Espíritu Santo viniera. Lamentablemente, ha habido tiempos de unidad y desunión desde Pentecostés.

La Iglesia de Corinto tuvo serios problemas con las lenguas.

Lo que el hablar en lenguas no hace

La Iglesia de Corinto estaba repleta de divisiones. ¡Las lenguas no detuvieron la división y la desunión! Lea 1 Corintios 1:10-11 para confirmarlo:

> Os ruego, pues, hermanos, por el nombre de nuestro Señor Jesucristo, que habléis todos una misma cosa, y que no haya entre vosotros divisiones, sino que estéis perfectamente unidos en una misma mente y en un

mismo parecer. Porque he sido informado acerca de vosotros, hermanos míos, por los de Cloé, que hay entre vosotros contiendas.

En segundo lugar, los corintios minimizaban el poder de la cruz mientras exageraban los problemas. Mire los versículos 11-17:

> Porque he sido informado acerca de vosotros, hermanos míos, por los de Cloé, que hay entre vosotros contiendas. Quiero decir, que cada uno de vosotros dice: Yo soy de Pablo; y yo de Apolos; y yo de Cefas; y yo de Cristo. ¿Acaso está dividido Cristo? ¿Fue crucificado Pablo por vosotros? ¿O fuisteis bautizados en el nombre de Pablo? Doy gracias a Dios de que a ninguno de vosotros he bautizado, sino a Crispo y a Gayo, para que ninguno diga que fuisteis bautizados en mi nombre. También bauticé a la familia de Estéfanas; de los demás, no sé si he bautizado a algún otro. Pues no me envió Cristo a bautizar, sino a predicar el evangelio; no con sabiduría de palabras, para que no se haga vana la cruz de Cristo.

¡Imagínelo! Los corintios estaban tan preocupados por quién había sido bautizado por quién (en la jerga del pensamiento actual: "¿A qué iglesia perteneces?" o "¿Cuántas veces el pastor ha pedido almorzar *contigo*?") que Pablo dijo que estaban, esencialmente, ¡invalidando el poder de la cruz!

Tercero, una inmadurez carnal dominaba la iglesia. Leemos en 1 Corintios 3:1-3 (LBLA) que hablar en lenguas no mitigaba su infantilismo:

> Así que yo, hermanos, no pude hablaros como a
> espirituales, sino como a carnales, como a niños en
> Cristo. Os di a beber leche, no alimento sólido, porque
> todavía no podíais *recibirlo*. En verdad, ni aun ahora
> podéis, porque todavía sois carnales. Pues habiendo
> celos y contiendas entre vosotros, ¿no sois carnales y
> andáis como hombres?

Aquí tenemos prueba de creyentes llenos del Espíritu
Santo con la evidencia de hablar en otras lenguas, y que sin
embargo eran tan inmaduros en la fe que Pablo dijo que
¡todavía necesitaban ser alimentados con leche! Estos eran
creyentes llenos del Espíritu que todavía eran carnales y
vivían con "criterios meramente humanos".

Cuarto, y más impactante, leemos en 1 Corintios 5:1 que
el hablar en lenguas no detenía la peor clase de inmoralidad:

> De cierto se oye que hay entre vosotros fornicación,
> y tal fornicación cual ni aun se nombra entre los gen-
> tiles; tanto que alguno tiene la mujer de su padre.

Veamos este versículo en segmentos.

De cierto se oye...

Las noticias de la inmoralidad sexual y las elecciones del
estilo de vida corintio se habían difundido. No era como si
estos fueran incidentes aislados o si esa conducta proviniera
solo de uno o dos miembros de la iglesia.

...que hay entre vosotros fornicación...

Era ampliamente conocido que estos cristianos corintios
eran sexualmente inmorales. ¡Piense eso! Esta iglesia era muy

conocida por dos cosas: el hablar en lenguas y la inmoralidad sexual. Observe aquí además que las noticias de los pecados cometidos por cristianos profesos son rápidamente difundidas por los inconversos.

...y tal fornicación cual ni aun se nombra entre los gentiles...

El acto cometido por al menos uno de los creyentes corintios era tan terrible que entre los "paganos" ni siquiera se discutía como una posibilidad. Al menos un hombre, había dormido con la esposa de su padre. La Iglesia de Corinto, llena de creyentes "llenos del Espíritu, habladores en lenguas y que pisan al diablo" (como dice el dicho), no solo aceptaba a este hombre en la comunión sino que aparentemente nunca lo reprendió por sus acciones. ¿Por qué es esto? Porque el hablar en lenguas no evita la inmoralidad. Volveremos a esto después, pero por ahora, continuemos.

Quinto, el hablar en lenguas no trae humildad. Escuche las palabras que Pablo usa en 1 Corintios 5:2 para reprender a esa iglesia:

> Y vosotros estáis envanecidos. ¿No debierais más bien haberos lamentado, para que fuese quitado de en medio de vosotros el que cometió tal acción?

Como resultado de la inmoralidad sexual permitida e, implícitamente, consentida por la iglesia de Corinto, Pablo les dijo que deberían haberse lamentado por esta situación. En cambio, estaban llenos de orgullo porque hablaban en lenguas y eran llenos del Espíritu Santo. ¿Cuán a menudo vemos esto hoy? Compañeros creyentes y hasta líderes de la iglesia han apartado ciegamente sus ojos del pecado, algunos incluso han usado el llamado habilitante del Espíritu Santo como medio para construir una cortina de humo a fin de ocultar sus propios pecados. No es otra cosa que el antiguo problema del "orgullo corintio".

Sexto, el hablar en lenguas no evita que los creyentes entablen juicios unos contra otros. ¡Imagínelo! Pero cuando usted mira a la Iglesia universal (evangélica, fundamentalista y carismática, todas están representadas aquí), no tiene que imaginarlo porque hoy lo seguimos haciendo. Escuche cómo Pablo los reprende en 1 Corintios 6:1-2 por su naturaleza pendenciera.

> ¿Osa alguno de vosotros, cuando tiene algo contra otro, ir a juicio delante de los injustos, y no delante de los santos? ¿O no sabéis que los santos han de juzgar al mundo? Y si el mundo ha de ser juzgado por vosotros, ¿sois indignos de juzgar cosas muy pequeñas?

No malinterprete esto. Pablo no está diciendo que la alternativa legal sea mala. Lo que él reprende aquí es la propensión de parte de los creyentes corintios a entablar juicios irritantes *¡contra otros miembros de la iglesia!* Él los reprende y los alienta a seguir lo que es, en su corazón, un enfoque "Mateo 18" para este tipo de problemas.

Creo que hay una buena razón para esto. ¿Recuerda qué rápido y cuánto se difundió el asunto de la inmoralidad sexual de los corintios entre los "gentiles" (el mejor término aquí sería "todos los no salvos")? El mismo concepto se aplica aquí. Así como los corintios en su vicio y permisividad estaban despreciando la cruz, lo mismo ocurre con esta clase de conducta trivial, inmadura e interesada. Debemos tener sumo cuidado de no hacer inefectivo el poder de la cruz por nuestra propia conducta cuestionable.

Séptimo, el hablar en lenguas no promovía los matrimonios saludables en la Iglesia de Corinto. Aparte del joven mencionado en el capítulo 5, los corintios tenían su buena cuota de problemas matrimoniales. Este es un asunto peliagudo por cierto, pero que debemos tratar. Veamos primero lo que dice Pablo a los corintios en 1 Corintios 7:10-12:

> Pero a los que están unidos en matrimonio, mando, no yo, sino el Señor: Que la mujer no se separe del marido; y si se separa, quédese sin casar, o reconcíliese con su marido; y que el marido no abandone a su mujer. Y a los demás yo digo, no el Señor: Si algún hermano tiene mujer que no sea creyente, y ella consiente en vivir con él, no la abandone.

Hay muchos aspectos para cubrir en estos pocos versículos y la mayoría plagados de minas, así que vayamos con cuidado.

En el versículo 10, Pablo da un mandamiento de parte del Señor que trata una serie de circunstancias acerca de lo que los corintios le habían preguntado por escrito. Primero, ¿los cónyuges deberían separarse? El apóstol responde con el mandamiento del Señor: no. Sin embargo, dice, si ya ha ocurrido, que permanezcan sin casarse o, esperando lo mejor, que se reconcilien uno con el otro. El otro problema a tratar aquí es una situación en que un creyente (o, una creyente, pienso) se encuentra casado con un inconverso. Aquí Pablo dice claramente que es un asunto que no debería causar un estrés innecesario. Simplemente, si el inconverso está contento con permanecer casado con la creyente, entonces la creyente debería continuar casada.

La cuestión aquí es sencillamente que el nivel y discrepancia de las preguntas que se le pidió al apóstol que tratara indican un estado de mucho desorden en la vida matrimonial de los creyentes de Corinto.

Octavo, el hablar en lenguas no garantiza la solidez doctrinal. Esta es una plataforma desde la cual a los cesacionistas les encanta lanzar su ofensiva. Aun hoy en día, hay en las iglesias muchos que operan en milagros, lenguas y profecías, pero cuya doctrina con frecuencia no es sólida. La conclusión lógica, dicen quienes se oponen, es que todas las señales son *ipso facto*, carentes de sustento sólido. Pero veamos los problemas de 1 Corintios 15:12 con los que Pablo tuvo que lidiar en Corinto:

> Pero si se predica de Cristo que resucitó de los muertos, ¿cómo dicen algunos entre vosotros que no hay resurrección de muertos?

Los corintios, al menos alguno de ellos, negaban una de las doctrinas básicas de la fe. Esto, podría decir alguien, no es en realidad un problema; "Después de todo, si crees en Jesús, eso es realmente lo que te salva". Pero Pablo trata esta actitud en los versículos siguientes (vv. 13-14):

> Porque si no hay resurrección de muertos, tampoco Cristo resucitó. Y si Cristo no resucitó, vana es entonces nuestra predicación, *vana es también vuestra fe.*
> (Énfasis añadido)

A pesar de todo esto, el milagro de hablar en lenguas estaba presente en esa iglesia.

Noveno, el hablar en lenguas no incrementa el dar ni fomenta la prosperidad de la iglesia. Si usted escucha a muchos predicadores y maestros de hoy en día, podría sentirse inclinado a pensar que realmente es a la inversa, pero eso es tema para otra oportunidad; atengámonos al asunto que Pablo estaba confrontado.

Los cristianos de Judea, en ese tiempo, estaban sumamente atribulados y perseguidos, y era costumbre entre diversas iglesias gentiles levantar ofrendas especiales y enviárselas para ayudar a sus hermanos y hermanas de Judea. Sin embargo, en Corinto (y en Galacia) Pablo tenía que darles una instrucción especial para que participaran en ello. Lea 1 Corintios 16:1-2 y vea:

> En cuanto a la ofrenda para los santos, haced vosotros también de la manera que ordené en las iglesias de Galacia. Cada primer día de la semana cada uno de vosotros ponga aparte algo, según haya prosperado, guardándolo, para que cuando yo llegue no se recojan entonces ofrendas.

Me resulta tan interesante que Pablo, aquí y en otras cartas, sea categórico en defender su postura de no aceptar dinero de las iglesias ni levantar ofrendas especiales para sí mismo. Aplicó el mismo concepto a las ofrendas para los cristianos de Judea. No se equivoque, Pablo era bendecido por muchas iglesias que plantó y visitó, pero tenía mucho cuidado de no pedir dinero. Pero una vez más, aquí el asunto es que las lenguas no hacían que los corintios fueran más propensos a dar sacrificialmente ni brindaban un estilo de vida próspero.

La razón por la que el hablar en lenguas no hace ninguna de las cosas enumeradas anteriormente es muy sencilla: ninguna de ellas es el propósito del hablar en lenguas. Además, como se evidencia aquí, el hablar en lenguas no denota madurez espiritual ni siquiera que se viva correctamente, y el creyente debería ser cuidadoso en recordarlo.

Algunas advertencias acerca del hablar en lenguas

Un joven que trabaja en nuestra iglesia tuvo como mentor a un gran hombre de Dios. A la muerte de este mentor hubo cientos de personas en el servicio realizado en su memoria, a quienes se les dijo que "el manto de este hombre caería ahora" sobre ellos. Seguramente esto es posible; hasta bíblico. Sin embargo, es un suceso demasiado frecuente ver a jóvenes creyentes en Cristo desesperada y legítimamente hambrientos por Dios de una manera que es, dicho simplemente, fútil, pues buscan una bendición, un llamado, o un don como el de su mentor (o, en algunos casos su ídolo) cuando Dios tiene un llamado único y especial para ellos. Es importante que perfeccionemos la comprensión del hablar en lenguas y tomemos conciencia de algunas precauciones importantes:

Primero, no espere que todos operen en los mismos dones de la misma manera. En 1 Corintios 12:22-31 (NVI) Pablo enseña claramente que no todos reciben los mismos dones, ni operan con las mismas manifestaciones:

Al contrario, los miembros del cuerpo que parecen más débiles son indispensables, y a los que nos parecen menos honrosos los tratamos con honra especial. Y se les trata con especial modestia a los miembros que nos parecen menos presentables, mientras que los más presentables no requieren trato especial. Así Dios ha dispuesto los miembros de nuestro cuerpo, dando mayor honra a los que menos tenían, a fin de que no haya división en el cuerpo, sino que sus miembros se preocupen por igual unos por otros. Si uno de los miembros sufre, los demás comparten su sufrimiento; y si uno de ellos recibe honor, los demás se alegran con él. Ahora bien, ustedes son el cuerpo de Cristo, y cada uno es miembro de ese cuerpo. En la iglesia Dios ha puesto, en primer lugar, apóstoles; en segundo lugar, profetas; en tercer lugar, maestros; luego los que hacen milagros; después los que tienen dones para sanar enfermos, los que ayudan a otros, los que administran y los que hablan en diversas lenguas. ¿Son todos apóstoles? ¿Son todos profetas? ¿Son todos maestros? ¿Hacen todos milagros? ¿Tienen todos dones para sanar enfermos? ¿Hablan todos en lenguas? ¿Acaso interpretan todos? Ustedes, por su parte, ambicionen los mejores dones. Ahora les voy a mostrar un camino más excelente.

"Ahora bien, ustedes son el cuerpo de Cristo, y cada uno es miembro de ese cuerpo". ¡Qué asombroso! Yo podría no ser un sanador como lo fue mi mentor, pero puedo ser lo que Dios me ha llamado a ser, si permito que el Espíritu Santo que vive en mí active no solo el don sino mi fervor para usarlo.

Segundo, permita que su hablar en lenguas sirva al Cuerpo

de Cristo en amor. Como señalé en un capítulo anterior, las lenguas son un ruido inútil sin el genuino servicio de amor incondicional. Estos versículos se citan tan a menudo que tenemos tendencia a desestimarlos como verdades con las cuales ya estamos muy familiarizados, pero es oportuno oír otra vez las palabras de 1 Corintios 13:1-2:

> Si yo hablase lenguas humanas y angélicas, y no tengo amor, vengo a ser como metal que resuena, o címbalo que retiñe. Y si tuviese profecía, y entendiese todos los misterios y toda ciencia, y si tuviese toda la fe, de tal manera que trasladase los montes, y no tengo amor, *nada soy.*
>
> (ÉNFASIS AÑADIDO)

Es bueno que ahora reflexionemos en esta palabra *amor.* No es la emoción pulcra y edulcorada, "Yo nunca te ofenderé", que incorrectamente suele describirse como amor, sino que es en cambio un amor devotamente apasionado, no solo por aquellos con quienes estamos de acuerdo sino también por aquellos con los que disentimos categóricamente. Este amor ágape nos da valentía para hablar la verdad pero hacerlo en amor.

Tercero, debemos admitir sinceramente que el hablar en lenguas es inferior al don profético. Hay mucho énfasis puesto en el hablar en lenguas en varios segmentos de la iglesia, pero Pablo fue claro en 1 Corintios 14:1-3 en que la profecía era un punto más importante:

> Seguid el amor; y procurad los dones espirituales, pero sobre todo que profeticéis. Porque el que habla en lenguas no habla a los hombres, sino a Dios; pues nadie le

entiende, aunque por el Espíritu habla misterios. Pero
el que profetiza habla a los hombres para edificación,
exhortación y consolación.

Un pastor amigo mío dijo una vez: "Dios hizo de las lenguas el primer don porque es más fácil asimilar las lenguas
que la profecía". No sé si esa fue la motivación de Dios, pero
la idea tiene sentido. El hablar en lenguas es una bendición
de Dios y un acto de fe de parte de los creyentes, quienes
deben, por fe, abrir su boca y mover los labios y creer que
Dios les ha concedido este don. Sin embargo, cuando obser-
vamos otra vez lo que dice Pablo aquí, vemos que el hablar
en lenguas no es un lenguaje que esté dirigido a los hombres
sino un lenguaje *enfocado en Dios*. Está claro que Dios quiere
comunicar su palabra *actual* a la Iglesia en un idioma que se
pueda entender.

Cuarto, las lenguas deberían practicarse según el orden
escritural. Es necesario que usted lea con cuidado 1 Corintios 14:6-19 para que comprenda que Pablo consideró el mal
uso de las lenguas como un problema serio y perturbador
que dificultaba el evangelismo y la misión. Por cuestiones de
espacio, quiero concentrarme solo en unos pocos versículos
de esta sección. Primero, a fin de establecer la magnitud de
esto en la perspectiva de Pablo, veamos 1 Corintios 14:16-19:

> Porque si bendices sólo con el espíritu, el que ocupa
> lugar de simple oyente, ¿cómo dirá el Amén a tu acción
> de gracias? pues no sabe lo que has dicho. Porque tú,
> a la verdad, bien das gracias; pero el otro no es edifi-
> cado. Doy gracias a Dios que hablo en lenguas más que
> todos vosotros; pero en la iglesia prefiero hablar cinco

palabras con mi entendimiento, para enseñar también
a otros, que diez mil palabras en lengua desconocida.

Piense por un momento en la magnitud total de esa
declaración. Para dar un sentido del alcance, hagamos una
comparación.

El 8 noviembre de 1857, en el Templo New Park Street
Chapel, en Southwark, Londres, el gran predicador C. H.
Spurgeon dio uno de sus sermones más famosos: "Un llamado a los inconversos". Este gran expositor de la Palabra
de Dios habló a una congregación de aproximadamente seis
mil personas e hizo un gran llamado evangelístico. La trans-
cripción del sermón tiene un conteo de poco menos de siete
mil palabras. Pablo dijo que era más beneficioso hablar algo
semejante a "¡Jesucristo murió por ti!" en un lenguaje que se
comprendiera que hablarles en lenguas más que lo equivalente al sermón de Spurgeon.

Nada de esto es para decir que las lenguas no sean importantes, sino, nuevamente, que las lenguas deben operar
ordenadamente. Escuche esta maravillosa promesa que se
encuentra en 1 Corintios 14:23-25 y que Pablo ilustra para
nosotros si seguimos este modelo:

> Si, pues, toda la iglesia se reúne en un solo lugar, y
> todos hablan en lenguas, y entran indoctos o incré-
> dulos, ¿no dirán que estáis locos? Pero si todos pro-
> fetizan, y entra algún incrédulo o indocto, por todos
> es convencido, por todos es juzgado; lo oculto de su
> corazón se hace manifiesto; y así, postrándose sobre
> el rostro, adorará a Dios, declarando que verdadera-
> mente Dios está entre vosotros.

Quinto, el uso egoísta de las lenguas indica inmadurez y falta de sabiduría espiritual. Escuche a Pablo otra vez en 1 Corintios 14:26:

> ¿Qué hay, pues, hermanos? Cuando os reunís, cada uno de vosotros tiene salmo, tiene doctrina, tiene lengua, tiene revelación, tiene interpretación. Hágase todo para edificación.

En Corinto, algunos de los creyentes se ponían en evidencia, y todos tenían "una palabra del Señor". El Señor puede dar una palabra, por cierto, pero Pablo podía discernir que la verdadera motivación detrás de estas "palabras" era un deseo de ser visto en una especie de "santo centro de atención".

Sexto, el hablar en lenguas nunca debería "dominar" un servicio. Debe seguirse el orden establecido por el Espíritu Santo como es revelado al pastor y a los ancianos. Las lenguas que se dan públicamente como profecía deben ser interpretadas. En 1 Corintios 14:27-28 Pablo escribió:

> Si habla alguno en lengua extraña, sea esto por dos, o a lo más tres, y por turno; y uno interprete. Y si no hay intérprete, calle en la iglesia, y hable para sí mismo y para Dios.

Esto es sencillo de comprender cuando leemos después en 1 Corintios 14:40 que las cosas deben ser hechas "decentemente y con orden".

Séptimo, el hablar en lenguas sin considerar el orden bíblico podría ser perturbador. Aquí incursionamos en el terreno peliagudo de la historia doctrinal de la iglesia. Echemos una mirada a 1 Corintios 14:34-35 antes de proseguir:

> ...vuestras mujeres callen en las congregaciones; porque no les es permitido hablar, sino que estén sujetas, como también la ley lo dice. Y si quieren aprender algo, pregunten en casa a sus maridos; porque es indecoroso que una mujer hable en la congregación.

Primero, veamos el contexto histórico. En las reuniones griegas, las mujeres a menudo se sentaban en un área como un balcón mientras sus esposos se sentaban o estaban de pie en el piso cerca del que enseñaba o predicaba. Debido a la distancia, las esposas (esta palabra es importante más adelante) y otras mujeres con frecuencia no podían oír lo que se decía, ¡y hablaban fuerte! El problema no terminaba allí. A menudo los hombres se comunicaban con estas mujeres, ya sea diciéndoles que estuvieran en silencio o respondiendo sus preguntas, y así estallaban las conversaciones que cruzaban la sala, y lo próximo que ve es que no hay orden.

Antes de dejar este asunto, creo que distraería al lector si no tratara esta enseñanza controversial de que las mujeres "callen en las congregaciones" además de que creo que es un problema de traducción. Primero, veamos la frase: "vuestras mujeres".

Las dos palabras importantes aquí son *"vuestras"* y *"mujeres"*. La palabra *vuestras* es la palabra griega *jumón*. Está en caso genitivo, lo cual significa aquí, y muy a menudo aunque no siempre, que modifica a otro sustantivo como un indicativo de posesión. Esta palabra traducida "mujeres" en el griego es *guné*, y, en su sentido más preciso, no significa "mujeres", significa "esposas". Pablo entonces está tratando un problema relacional y no un problema de género.

Ahora bien, el verdadero quid de este versículo lo encontramos en la frase "porque no les es permitido hablar". La palabra traducida "porque" literalmente significa eso mismo, lo cual implica que la afirmación que Pablo está por realizar se relaciona con lo que acababa de decir y no es una declaración aislada. La palabra *permitido* se traduce mejor como "consentir, o tolerar". El significado aquí es que Pablo está dando una directiva no de que las mujeres en general tienen prohibido hablar en las iglesias, sino que no se les debe permitir hablar —de la manera desordenada y perturbadora mencionada anteriormente— como lo hacían en Corinto. No tenían que hablar durante los servicios de la iglesia sin el permiso de su esposo, ¡no debido a inferioridad sino a los problemas logísticos de orden! Pablo las exhorta, por todos los medios, a que pregunten a sus esposos cuando vuelvan al hogar si no entendieron algo, pero que no dificulten la predicación o el evangelismo por descuidar el orden.

Lo más importante: debemos comprender que Pablo nunca limitó el ministerio de las mujeres. En 1 Corintios 11:5-10, él da instrucciones específicas acerca de cómo deberían comportarse ellas cuando oran (la inferencia es que toman la iniciativa en la oración colectiva) o profetizan.

> Pero toda mujer que ora o profetiza con la cabeza descubierta, afrenta su cabeza; porque lo mismo es que si se hubiese rapado.

En la cultura griega la mujer con cabeza rapada era una prostituta y no estaba bajo la autoridad de un esposo. Por lo tanto, las mujeres que oraban o predicaban necesitaban su cabello como señal de pureza y de que estaban bajo el liderazgo de su esposo. Es importante afirmar que esta restricción cultural no está en vigencia en la actualidad, pero el principio del matrimonio fiel y la vida en pureza permanecen.

Octavo, debemos tener cuidado con las falsificaciones demoníacas. Debemos ser conscientes de que los demonios pueden falsificar las lenguas. Así como la gente puede ser influenciada por demonios para hacer falsas profesiones de fe, también Satanás puede transformarse para parecer un ministro de justicia (2 Corintios 11:13-15). Todas estas advertencias no deberían impedir que los creyentes hagan uso genuino de las lenguas. La Iglesia debería acoger al lenguaje celestial como una vital evidencia de verdadera vida espiritual.

CAPÍTULO ONCE
Hablar en lenguas como esperanza del despertar espiritual

Hay claras advertencias en la Escrituras respecto a interferir con la obra del Espíritu Santo. En 1 Tesalonicenses 5:19 leemos: "No apaguéis el Espíritu". Me gusta la versión del mismo versículo de La Biblia al Día: "No apaguen el fuego del Espíritu Santo". La palabra griega traducida *apagar* significa "apagar un fuego" y "reprimir o suprimir."

La Iglesia en EE.UU. en su mayor parte ha apagado el Espíritu Santo, con algunas notables excepciones. Cuando se desata un mover inusual de Dios, algunos se alegran, pero la mayoría observa y critica.

Cuando nuestro Señor Jesucristo inició su ministerio en Nazaret, la ciudad donde había crecido, anunció que la unción del Espíritu Santo rompería el yugo. (Vea Lucas 4:16-30 e Isaías 61:1-2.) ¡La gente de Nazaret rechazó el ungido mensaje de Jesús y trató de despeñarlo por un acantilado! Cuando usted examina el pasaje de Lucas, descubre que Jesús anunció la obra del Espíritu Santo y el fin de la división racial. Enfureció a sus viejos amigos al destacar a una mujer gentil de Sarepta en el ministerio de Elías y el milagro de Eliseo para el sirio Naamán. Ellos se indignaron y ofendieron, por lo que lo difamaron, llamando a Jesús "el hijo de José" (Lucas 4:22).

Ellos conocían la historia de la visita angélica a María y el nacimiento virginal de Jesús. Los hechos son que odiaban lo sobrenatural, y que estaban cerrados a los extranjeros.

El renacimiento del pentecostalismo y el hablar en lenguas se inició en un grupo interracial. En consecuencia hubo y hay elementos de racismo, de orgullo denominacional y de separatismo cultural que alimentan a los opositores del movimiento. ¡Hoy en día, el hablar en lenguas se ha mudado de los senderitos y ahora está en la calle principal!

Esto es difícil para quienes ven a la Iglesia como un agradable grupo de gente blanca de clase media y media alta. Cuando el Espíritu Santo viene, todas las paredes tienen que desplomarse. Además, el Espíritu Santo no será ensillado ni domesticado por nadie. El Espíritu que se cernía sobre las aguas en la creación fue el mismo Espíritu que produjo el nacimiento de la Iglesia. ¡La Iglesia nació como la base de avanzada de otro mundo, con valores, poder de obrar milagros, y su propio lenguaje! Lo que Juan anunció fue un bautismo con Espíritu Santo y fuego (Lucas 3:16). En el Día de Pentecostés, el viento, el fuego y el hablar en lenguas anunciaron la llegada de la renovada presencia de Dios a la Tierra.

El Espíritu Santo puede ser contristado, se le puede mentir y blasfemar, pero no será ignorado. Es más, el Espíritu Santo altera todo orden humano. La carne muerta de Adán no puede soportar la presencia del Espíritu Santo. Satanás teme, se burla, se intimida, y finalmente imita al Espíritu Santo. Un mover del Espíritu de Dios acorde con la Palabra de Dios es lo que más teme Satanás. Las grandes denominaciones están nombrando comités sobre el resurgimiento de la iglesia, pero

un plan humano no puede reemplazar el poder del Espíritu
Santo. El ministerio de Pablo se caracterizó por la "demostración del Espíritu y de poder" (1 Corintios 1:2-4). Escuche
esta amonestación que Pablo dio en Gálatas 3:1-5 (NVI):

> ¡Gálatas torpes! ¿Quién los ha hechizado a ustedes,
> ante quienes Jesucristo crucificado ha sido presen-
> tado tan claramente? Sólo quiero que me respondan
> a esto: ¿Recibieron el Espíritu por las obras que
> demanda la ley, o por la fe con que aceptaron el men-
> saje? ¿Tan torpes son? Después de haber comenzado
> con el Espíritu, ¿pretenden ahora perfeccionarse con
> esfuerzos humanos? ¿Tanto sufrir, para nada? ¡Si es
> que de veras fue para nada! Al darles Dios su Espíritu
> y hacer milagros entre ustedes, ¿lo hace por las obras
> que demanda la ley o por la fe con que han aceptado
> el mensaje?

Mire esa palabra, *hechizado*. Aquí Pablo hace una grave
advertencia a la asamblea de Galacia: que retroceder de los
dones sobrenaturales de Dios a la religión muerta ¡era equivalente a brujería!

¡Como Sansón, la iglesia ha sido despojada de su poder y
ahora se tambalea a ciegas de un programa a otro esperando
poder salir de la tumba en la que poco a poco va cayendo!
¿Dónde están los líderes que claman a Dios como hizo
Gedeón en Jueces 6:13?

> Y Gedeón le respondió: Ah, señor mío, si Jehová está
> con nosotros, ¿por qué nos ha sobrevenido todo esto?
> ¿Y dónde están todas sus maravillas, que nuestros
> padres nos han contado? Decían: ¿No nos sacó Jehová

de Egipto? Y ahora Jehová nos ha desamparado, y nos ha entregado en mano de los madianitas.

Si los líderes no se levantan y oran, ¿qué vamos a hacer? ¿Vamos a soportar la religión muerta, la fe sin poder, o una filosofía basada en obras para dar sentido a nuestra vida? ¡No! Tenemos que buscar la completa unción y presencia de Dios, para que no seamos "entregados en mano" de nuestra vieja, muerta existencia.

Tiempos de refrigerio

Hace varios años yo estaba ayunando y orando solo en una cabaña de una montaña. Me desperté y miré el pequeño reloj eléctrico que estaba junto a mi cama, que decía 3:19 a.m. El Espíritu Santo me incitó a levantarme y abrir la Biblia en Hechos 3:19-21.

> Así que, arrepentíos y convertíos, para que sean borrados vuestros pecados; para que vengan de la presencia del Señor tiempos de refrigerio, y él envíe a Jesucristo, que os fue antes anunciado; a quien de cierto es necesario que el cielo reciba hasta los tiempos de la restauración de todas las cosas, de que habló Dios por boca de sus santos profetas que han sido desde tiempo antiguo.

Aquí hay un claro llamado a cambiar (arrepentimiento), acompañado de una promesa de refrigerio desde la presencia de Dios. Además, el texto implica que debe haber una restauración de todas las promesas proféticas de Dios antes de que Jesús regrese a la tierra. Los oyentes deben recibir a Jesús hasta el derramamiento y la restauración de los Últimos Días.

Recientemente un conocido líder evangélico y pastor de una de las iglesias históricas más prestigiosas de EE.UU. me confesó en privado: "Si los dones carismáticos, incluidas las lenguas, nunca cesaron, deben ser restaurados antes de la Segunda Venida".

¿Son los dones carismáticos, incluidas las lenguas, necesarios para el despertar de los Últimos Días? Creo que las Escrituras lo declaran claramente. Volvamos a 1 Corintios 14:21 (NVI):

> En la ley está escrito: "Por medio de gente de lengua extraña y por boca de extranjeros hablaré a este pueblo, pero ni aun así me escucharán", dice el Señor.

En su discusión sobre las lenguas Pablo cita Isaías 28:9-12 como predicción del hablar en lenguas y su ministerio.

> ¿A quién se enseñará ciencia, o a quién se hará entender doctrina? ¿A los destetados? ¿A los arrancados de los pechos? Porque mandamiento tras mandamiento, mandato sobre mandato, renglón tras renglón, línea sobre línea, un poquito allí, otro poquito allá; porque en lengua de tartamudos, y en extraña lengua hablará a este pueblo, a los cuales él dijo: Este es el reposo; dad reposo al cansado; y este es el refrigerio; mas no quisieron oír.

Este pasaje declara que Dios espera más que "mandamiento tras mandamiento" o un estudio de la Biblia bien explicado. Se propone hablar con la gente "en lengua de tartamudos, y en extraña lengua".

Dios sabía que ellos necesitaban más que un estudio bien explicado de la Biblia, por muy importante que éste sea. Necesitaban una relación íntima con Él. Dios predice que esto no será un habla extraña para ellos, sino una fuente de fortaleza celestial.

Hablar en lenguas es la manera de Dios de dar "reposo al cansado" y, lo diré otra vez, *hablar en lenguas* es "el refrigerio". Lamentablemente, los que rechazan los dones de lenguas pueden conocer bien la Biblia, pero escuchen la declaración profética que Isaías hace sobre ellos en el capítulo 28, versículo 13:

> La palabra, pues, de Jehová les será mandamiento tras mandamiento, mandato sobre mandato, renglón tras renglón, línea sobre línea, un poquito allí, otro poquito allá; hasta que vayan y caigan de espaldas, y sean quebrantados, enlazados y presos.

Como ve, lo único que ellos querían era algo que pudieran entender y explicar. Lo único que querían era "un poquito aquí, un poquito allá" (Isaías 28:13). La negativa a aceptar *todo* lo que Dios tiene resultó en recaída, derrumbe, hasta terminar siendo atrapados por Satanás, y en crisis espiritual.

El llamado de Jesús a los cansados en Mateo 11:28-30 promete el don del descanso y un nuevo nivel de aprendizaje íntimo.

> Venid a mí todos los que estáis trabajados y cargados, y yo os haré descansar. Llevad mi yugo sobre vosotros y aprended de mí, que soy manso y humilde de

corazón, y hallaréis descanso para vuestras almas.
Porque mi yugo es suave y mi carga ligera.

El "yugo" de Jesús era el manto de oración rabínico denominado talit. *Talit* significa "pequeño tabernáculo". Jesús declara que el lugar de descanso debe ser como el manto de oración sobre una persona que ora. Es un lugar de intimidad, como el Lugar Santísimo. Jesús promete descanso a los que aprenden de Él. Creo que este descanso viene mientras aprendemos de Él las lenguas celestiales.

No se conforme con "un poquito aquí, un poquito allá". Jesús nos prometió a todos nosotros una vida que puede ser más. Mire la advertencia de Jesús en Lucas 11:13:

> Pues si vosotros, siendo malos, sabéis dar buenas dádivas a vuestros hijos, ¿cuánto más vuestro Padre celestial dará el Espíritu Santo a los que se lo pidan?

Note la promesa: "¿Cuánto más vuestro Padre celestial dará *el Espíritu Santo* a los que se lo pidan?" Jesús conecta aquí un interesante conjunto de puntos: Ustedes son malos (punto 1), y les gusta dar buenas cosas a sus hijos (punto 2), pero Dios (punto 3), que es su Padre celestial (punto 4, y también un concepto radical para el primer siglo judío) ¿les dará una cosa buena? No: la mejor, que es el Espíritu Santo (punto 5), a los que se lo pidan (punto 6). Es interesante que Jesús se refirió a Dios como "vuestro Padre celestial", dando a entender que Él, Jesús, les estaba hablando a todos los allí reunidos, pero dijo que Dios le daría el Espíritu Santo *sólo a los que se lo pidan*.

Un requisito final

¿Qué se necesita para recibir el don de lenguas? Jesús nos dio el único requisito claro, y se encuentra en Juan 7:37-39:

> En el último y gran día de la fiesta, Jesús se puso en pie y alzó la voz, diciendo: Si alguno tiene sed, venga a mí y beba. El que cree en mí, como dice la Escritura, de su interior correrán ríos de agua viva. Esto dijo del Espíritu que habían de recibir los que creyesen en él; pues aún no había venido el Espíritu Santo, porque Jesús no había sido aún glorificado.

¡He aquí una promesa que cambia su vida de un charco de lodo estancado a ríos de claras aguas frescas, que fluyen!

La condición es simple: "Si alguno tiene sed, venga a mí y beba…" Simple, ¿no? Jesús dice: ¿Tienes sed? ¡Come y bebe! Uno de esos "ríos" podría ser un lenguaje de oración. Usted ¿va a responder a la llamada?

> Ven, Tú, Fuente de toda bendición,
> Afina mi corazón para cantar tu gracia;
> Las incesantes corrientes de misericordia,
> Exigen canciones del más alto elogio.
> Enséñame algún soneto melodioso,
> Cantado por lenguas de fuego en las alturas.
> Alabado sea el monte al que estoy asegurado,
> La montaña de tu amor redentor.[1]

CAPÍTULO DOCE

El hablar en lenguas y la promesa celestial

EL LLANTO HABÍA terminado. ¡Jesús había resucitado victorioso sobre la muerte y el sepulcro! Se apareció a cientos de personas y ahora estaba dando su última Gran Comisión a sus apóstoles.

> Y les dijo: Estas son las palabras que os hablé, estando aún con vosotros: que era necesario que se cumpliese todo lo que está escrito de mí en la ley de Moisés, en los profetas y en los salmos. Entonces les abrió el entendimiento, para que comprendiesen las Escrituras; y les dijo: Así está escrito, y así fue necesario que el Cristo padeciese, y resucitase de los muertos al tercer día; y que se predicase en su nombre el arrepentimiento y el perdón de pecados en todas las naciones, comenzando desde Jerusalén. Y vosotros sois testigos de estas cosas. He aquí, yo enviaré la promesa de mi Padre sobre vosotros; pero quedaos vosotros en la ciudad de Jerusalén, hasta que seáis investidos de poder desde lo alto.
>
> —LUCAS 24:44-49

¡Mire eso! ¡Jesús les dijo a los discípulos exactamente lo que quería que hicieran, les dio una breve vislumbre del ámbito donde aplicarlo, y luego les dijo que esperaran!

¿Cuántas veces usted fue instado por Dios a mantenerse bajo control con la indicación de "estad quietos y conoced"?

Pero Jesús no actuaba caprichosamente en esta situación. Él expresó la enormidad de la tarea y luego informó a sus discípulos que, como carecían de la capacidad para completarla, les iba a enviar al Espíritu Santo, "la promesa del Padre" sobre ellos y entonces recibirían el poder. Ése era el "ingrediente faltante" de la Gran Comisión. Los discípulos necesitaban el poder que se encuentra en esa promesa.

Por lo menos seis veces en el Nuevo Testamento la venida del Espíritu Santo es llamada "la promesa". Usted notará que Jesús les enseñó a sus discípulos que no comenzaran su misión hasta que hubieran recibido "la promesa" (Hechos 1:8).

Algunos han dicho que esta promesa fue simplemente para la iglesia primitiva. Dicen: "La plenitud de esta promesa no continúa hasta nuestros días y sólo una parte de la promesa está disponible ahora". Sin embargo, no es esto lo que dice la Escritura. Demos una mirada a Hechos 2:38-39 y leamos las palabras de Pedro en su gran sermón pentecostal:

> Pedro les dijo: Arrepentíos, y bautícese cada uno de vosotros en el nombre de Jesucristo para perdón de los pecados; y recibiréis el don del Espíritu Santo. Porque para vosotros es la promesa, y para vuestros hijos, y para todos los que están lejos; para cuantos el Señor nuestro Dios llamare.

El verbo *es*[a] es presente activo indicativo. ¡Esto significa que la promesa que Pedro enuncia aquí continúa hasta el momento presente! Echemos una mirada a la descripción bíblica de la promesa.

Usted puede ser investido de poder

Incluso en la más contemporánea de las traducciones, a veces podemos encontrarnos "perdidos en la traducción" por el viejo problema lingüístico de una palabra o frase. Podríamos encontrar una palabra que es traducida correctamente, pero pierde algo de su poder original. Tal es el caso, creo, cuando miramos Lucas 24:49 y nos encontramos con la palabra "investir".

> He aquí, yo enviaré la promesa de mi Padre sobre vosotros; pero quedaos vosotros en la ciudad de Jerusalén, hasta que seáis investidos de poder desde lo alto.

La palabra *investidos* aquí puede significar "en" o "dotado" como en "seréis dotados con poder", o "el poder de lo alto estará en vosotros."

La palabra inglesa *endowment* viene de esa palabra. Si una escuela recibe un "*endowment*",[b] significa que ha recibido un gran depósito que pagará intereses y rentas. Cuando la promesa llegó el día de Pentecostés, ¡dejó un "*endowment*" de largo alcance que es inagotable! Esta palabra también puede significar "cualidad" o "capacidad". La promesa habla de las nuevas cualidades y capacidades que nos son dadas y dirigidas por el Espíritu Santo.

La palabra traducida *investir* también puede significar "vestir". Cuando me levanto a vestirme por la mañana, elijo la ropa con cuidado. Quiero verme bien. Quiero asegurarme de que mis ropas estén limpias y luzcan como deben. Ellas son, después de todo, lo primero que una persona advertirá de mí. Mi intención aquí no apunta a que debamos preocuparnos tanto por las percepciones de los demás; sino simplemente a ilustrar la idea de estar vestidos con el Espíritu Santo. Literalmente, la idea es que nos "pongamos" el Espíritu Santo, y Él esté tan activo en nuestras vidas que otros lo vean a Él en nosotros antes que a nuestra propia persona.

La promesa es para la Iglesia

Veamos Hechos 1:4 (LBLA) y tomemos nota de una palabra muy significativa:

> Y *reuniéndolos*, les mandó que no salieran de Jerusalén, sino que esperaran la promesa del Padre: La cual, les dijo, oísteis de mí.
>
> (ÉNFASIS AÑADIDO)

Ellos estaban reunidos. Toda la "asamblea" iba a esperar el don del Espíritu Santo y, efectivamente, Hechos registra que en el Día de Pentecostés, todos fueron llenos y bendecidos con el don de lenguas. Pero, ¿eso es importante hoy en día?

Previamente hemos mencionado que la visitación del Espíritu Santo en Pentecostés tuvo el fin de llenar e investir de poder. Literalmente, es el Espíritu de Dios que vive dentro del creyente. Recordemos la maravillosa revelación hecha por Pablo en Romanos 8:11:

> Y si el Espíritu de aquel que levantó de los muertos a Jesús *mora en vosotros*, el que levantó de los muertos

a Cristo Jesús vivificará también vuestros cuerpos
mortales por su Espíritu que mora en vosotros.
—Énfasis añadido

¡Qué cosa tan maravillosa y gloriosa! ¡El Espíritu Santo
que moraba en Jesús lo levantó de los muertos, y ese mismo
Espíritu ahora vive en nosotros! ¿Qué cosas maravillosas han
sido preparadas para que la iglesia haga? No debemos sor-
prendernos, sin embargo, si tenemos en cuenta las palabras
del propio Jesús:

> De cierto, de cierto os digo: El que en mí cree, las
> obras que yo hago, él las hará también; y aun mayores
> hará, porque yo voy al Padre.
>
> —Juan 14:12

Aunque algunos dudan de que los milagros de Jesús hayan
ocurrido, ¡el creyente lleno del Espíritu Santo e investido
de su poder tiene la facultad, cuando sigue la voluntad de
nuestro Padre celestial, de hacer milagros mayores que los
de Jesús!

La promesa es para la familia

Está fuera de cuestión que la familia se halla bajo ataque
desde todos lados en nuestra sociedad. Las tasas de divorcio
están creciendo. La mentira de la convivencia prematrimonial
se extiende entre los jóvenes (y mayores) fuera de la iglesia y
en ella, mientras que las disensiones entre los esposos crecen y
se muestran ante los niños lo que, a su vez, fomenta la discon-
formidad con sus padres. La llamada "brecha generacional"

nunca ha parecido más real que hoy, cuando parece haber un abismo insalvable entre los padres y sus hijos.

No es la voluntad de Dios que situaciones como éstas continúen, por lo que envió al Espíritu Santo para realizar un milagro en los corazones y las almas de los creyentes. Demos una mirada a la maravillosa profecía del Antiguo Testamento —la última profecía registrada en esa época—, que se encuentra en Malaquías 4:5-6.

> He aquí, yo os envío el profeta Elías, antes que venga el día de Jehová, grande y terrible. El hará volver el corazón de los padres hacia los hijos, y el corazón de los hijos hacia los padres, no sea que yo venga y hiera la tierra con maldición.

En Mateo 11:14 Jesús señaló que Juan el Bautista era "aquel Elías que había de venir". ¿Y cuál fue el mensaje de Juan? Sí, fue un mensaje que llamaba al arrepentimiento, pero la única profecía registrada de Juan es, como hemos dicho: "[Jesús] os bautizará con el Espíritu Santo y con fuego". Así, la obra de aquel Elías que había de venir era profetizar del Mesías y del Espíritu Santo; es a través de ese ministerio que los corazones de los hijos se volverán a sus padres. Es sólo a través de la obra transformadora de vidas del Espíritu Santo, que este milagro puede suceder.

La promesa es para todos los que respondan al llamado

Este no es el lugar para discutir sobre la elección, pero vale la pena señalar la maravillosa declaración de que Dios "no quiere que nadie perezca sino que todos se arrepientan" (2 Pedro 3:9, nvi). ¡Esto es algo tremendo y maravilloso! La salvación no requiere nada sino nuestra aceptación del sacrificio de Cristo y la entrega de nuestra voluntad a la suya (aunque esto último sea un trabajo continuo). Por lo tanto, si uno es creyente, la promesa se encuentra disponible para él. Mire una vez más la colosal declaración de Hechos 2:39 (lbla) que enfatiza esta gran verdad:

> Porque la promesa es para vosotros y *para* vuestros hijos y para todos los que están lejos, *para* tantos como el Señor nuestro Dios llame.

La palabra *llamar* significa "convocar hacia uno mismo". ¡El Espíritu Santo es Dios en la tierra que nos llama a su presencia! Cuán grandemente esto magnifica el significado del antiguo himno:

> Suave y tiernamente Jesús está llamando,
> Nos llama a usted y a mí;
> Véalo en el portal, esperando y mirándonos,
> Velando por usted y por mí.
> Ven a casa, vuelve a casa;
> Ustedes los cansados, vuelvan a casa,
> Vivamente, tiernamente, Jesús nos llama,
> Clama: ¡Oh, pecador, vuelve a casa!¹

La promesa incluye la bendición de Abraham

Como mencioné anteriormente, nuestra moderna noción de familia se ha visto drásticamente desviada de la intención de Dios. Vemos cosas como el derecho de primogenitura a una herencia como una encantadora o pintoresca costumbre social de Oriente Medio, cuando, en realidad, fue un principio transmitido por Dios para ilustrar una verdad espiritual. Cuando el padre le dio esa bendición a su hijo, le dio al hijo una posición en la comunidad, autoridad sobre las posesiones del padre, y el poder de hablar en el nombre del padre.

Dios le hizo a Abraham una promesa de pacto que incluyó bendiciones específicas. Mire Gálatas 3:13-14 y vea lo que Pablo dice que ha sucedido con la bendición de Abraham:

> Cristo nos redimió de la maldición de la ley, hecho por nosotros maldición (porque está escrito: Maldito todo el que es colgado en un madero), para que en Cristo Jesús la bendición de Abraham alcanzase a los gentiles, a fin de que por la fe recibiésemos la promesa del Espíritu.

Cuando usted mira a Abraham ve la bendición:

- De un cielo abierto
- Tierra y posesión
- Actividad angélica
- Victoria en la guerra
- Milagros (el nacimiento de Isaac)

Pedro, el gran predicador transformado de Pentecostés, escribió sobre la promesa en los versículos introductorios de su segunda carta:

> Simón Pedro, siervo y apóstol de Jesucristo, a los que por la justicia de nuestro Dios y Salvador Jesucristo han recibido una fe tan preciosa como la nuestra. Que

abunden en ustedes la gracia y la paz por medio del conocimiento que tienen de Dios y de Jesús nuestro Señor. Su divino poder, al darnos el conocimiento de aquel que nos llamó por su propia gloria y potencia, nos ha concedido todas las cosas que necesitamos para vivir como Dios manda. Así Dios nos ha entregado sus preciosas y magníficas promesas para que ustedes, luego de escapar de la corrupción que hay en el mundo debido a los malos deseos, lleguen a tener parte en la naturaleza divina.
—2 Pedro 1:1-4, nvi

Mire lo que incluye esta promesa.

Poder divino

Las palabras en griego son aquí *dúnamis Dseíos*, literalmente, el poder de Dios. ¡Eso es lo que nos da, de acuerdo al Espíritu Santo tal como es revelado a Pedro, todo lo que necesitamos para llevarnos a una vida plena y abundante de piedad!

Dones sobrenaturales

¡Todas las cosas buenas son de nuestro Padre celestial! Son, por tanto, sobrenaturales aunque puedan operar *en* lo natural. Estos dones existen como parte de "sus preciosas y magníficas promesas".

Partícipes de la naturaleza divina

Esta es una elevada manera de transmitir la misma idea de la bendición de la primogenitura y, al mismo tiempo, un extraordinario misterio. Mire el término en griego: *koinonós dseíos fúsis*.

Koinonós significa, literalmente, un partícipe o uno con quien se está compartiendo algo. *Dseíos*, que hemos mencionado antes, tiene que ver con Dios; pero en este contexto transmite la idea de *piedad*. Por último, *fúsis* expresa la idea de algo que germina, como una semilla que es plantada y, cuando es debidamente regada y nutrida, estalla en un frenesí de cambio creativo. Esta palabra también se utiliza para denotar una descendencia lineal, como alguien que tiene inherentemente ciertos rasgos o posesiones. Lo que este término significa, entonces, es que nosotros, como creyentes en Cristo que aceptamos la promesa del Espíritu Santo ¡participamos compartiendo por completo la divina semilla ya germinada! El Espíritu Santo ha plantado y fertilizado la semilla de la naturaleza de Dios, y su naturaleza es ahora compartida con usted y con toda la iglesia.

¡Los nombres aquí son *femeninos*, lo que apunta a la iglesia como novia de Cristo! Cuando somos partícipes de la naturaleza divina, somos miembros activos del Cuerpo de Cristo.

La promesa incluye la unción y el sellado

En un libro anterior, he desarrollado con gran detalle la idea del Espíritu Santo como un "sello". Sin embargo, vale la pena invertir aquí un momento en esta bendita verdad. Se dice en Efesios 1:13:

> En él [Jesús] también vosotros, habiendo oído la palabra de verdad, el evangelio de vuestra salvación, y habiendo creído en él, fuisteis sellados con el Espíritu Santo de la promesa.

Vea también 2 Corintios 1:20-22:

> ...porque todas las promesas de Dios son en él Sí, y
> en él Amén, por medio de nosotros, para la gloria de
> Dios. Y el que nos confirma con vosotros en Cristo,
> y el que nos ungió, es Dios, el cual también nos ha
> sellado, y nos ha dado las arras del Espíritu en nues-
> tros corazones.

El "sello" del Espíritu es el sello de propiedad de Dios en su vida que da evidencia de que la dimensión celestial lo ha marcado. Esta marca es exterior y visible en nuestra vida. La unción es la palabra *jrisma*, de la cual obtenemos las palabras *dotado* y *equipado*. El rótulo *carismático* también proviene de esa palabra. Algunos piensan que un carismático es sólo uno que salta, habla en lenguas y es propenso a la emotividad, pero si verdaderamente aplicamos el significado original de la palabra e intención, un carismático no es sino uno que muestra la marca exterior o "sello" del Espíritu Santo en su vida. Ese Espíritu lo transforma mediante la renovación de su mente y dándole una vida abundante. ¡La vida del Espíritu en su ahora es una garantía de lo que está por venir!

¿Mantendrá Dios su promesa?

Ésta es una pregunta sincera. Así, muchos creen que están demasiado lejos para ser salvos, o que, aunque Dios llegase a considerar apropiado mirar más allá de sus hijos y redimirlos, ciertamente los pecados que han cometido son demasiado atroces para recibir algo parecido a una promesa del Espíritu Santo.

¡Esto es una mentira del pozo del infierno! Las promesas de Dios son "sí y amén" de eternidad a eternidad. Sin embargo, por si usted piensa que éstas son sólo palabras de un predicador que quiere vender libros o llenar bancos, mire lo que dice la Biblia en 1 Reyes 8:56 (LBLA) acerca de Dios y su capacidad de guardar promesas:

> Bendito sea el SEÑOR, que ha dado reposo a su pueblo Israel, conforme a todo lo que prometió; ninguna palabra ha fallado de toda su buena promesa que hizo por medio de su siervo Moisés.

¡NINGUNA PALABRA de sus promesas ha fallado alguna vez! Dios cumplirá cada pedacito de las promesas que le hizo a usted y, como dijo Pedro en Pentecostés, a "... vuestros hijos"... a "todos los que están lejos"... y a "cuantos el Señor nuestro Dios llamare".

Además, cuando usted recibe a Jesús obtiene todas las promesas. No sólo algunas. ¡TODAS! No hay un conjunto de promesas que se aplican a personas que nacieron un día y al día siguiente estaban sentadas en un banco de la iglesia, un conjunto de promesas para los que nacieron en buenas casas, pero se desviaron por un momento y luego maduraron, y un conjunto de promesas para los que, según pensaban algunos, "se iban al infierno directamente". ¡TODAS las promesas de Dios son sí y amén en Cristo Jesús!

¿Cómo puede liberar la promesa en su vida?

Sepa que esta promesa vino a usted en Jesús

Para los creyentes maduros esto puede ser obvio, pero nunca está de más decirlo una y otra vez: Todo lo bueno que tenemos, o a lo que tenemos acceso, se pondrá a nuestra disposición a causa de la muerte sacrificial de Cristo en la cruz. Es allí donde nos encontramos con la sangre expiatoria que desgarró en dos el macizo velo del Lugar Santísimo, poniendo así fin a nuestra separación de Dios. Es Jesús: ¡sólo por medio de Él!

Deseo de "más" en su vida cristiana

Demos una mirada a la parábola del juez injusto que se encuentra en Lucas 18:1-8:

> También les refirió Jesús una parábola sobre la necesidad de orar siempre, y no desmayar, diciendo: Había en una ciudad un juez, que ni temía a Dios, ni respetaba a hombre. Había también en aquella ciudad una viuda, la cual venía a él, diciendo: Hazme justicia de mi adversario. Y él no quiso por algún tiempo; pero después de esto dijo dentro de sí: Aunque ni temo a Dios, ni tengo respeto a hombre, sin embargo, porque esta viuda me es molesta, le haré justicia, no sea que viniendo de continuo, me agote la paciencia. Y dijo el Señor: Oíd lo que dijo el juez injusto. ¿Y acaso Dios no hará justicia a sus escogidos, que claman a él día y noche? ¿Se tardará en responderles? Os digo que pronto les hará justicia. Pero cuando venga el Hijo del Hombre, ¿hallará fe en la tierra?

Jesús dijo esta parábola para animarnos a tener hambre de Dios e ir tras Él, sin perder el interés. Para liberar esta promesa, usted tiene que estar dispuesto a desesperarse.

Venir a Jesús para esta liberación

Cuando medito cómo comentar este gran anuncio de nuestro Salvador, me encuentro sin saber qué decir. Lea sus palabras en Juan 7:37-39:

> En el último y gran día de la fiesta, Jesús se puso en pie y alzó la voz, diciendo: Si alguno tiene sed, venga a mí y beba. El que cree en mí, como dice la Escritura, de su interior correrán ríos de agua viva. Esto dijo del Espíritu que habían de recibir los que creyesen en él; pues aún no había venido el Espíritu Santo, porque Jesús no había sido aún glorificado.

¿Tiene sed? Venga a Jesús.

Venir en adoración y expectación

¡Podemos acercarnos confiadamente al trono de Dios en adoración! ¡Podemos venir sin temor a nuestro Abba con súplicas y lágrimas! Ya no debemos temer más. Lea Filipenses 3:3:

> Porque nosotros somos la circuncisión, los que en espíritu servimos a Dios y nos gloriamos en Cristo Jesús, no teniendo confianza en la carne.

Por lo tanto, vamos sin temor ante Dios con la esperanza de la liberación de esta promesa.

+ Póngase de rodillas, si puede hacerlo.
+ Alce su cabeza en fe.
+ Alce las manos como un niño hacia el Padre.
+ Alce su voz en alabanza y aleluyas a Jesús.
+ Esté atento a una expresión que le dé el Espíritu.

• Coopere con el Espíritu Santo.

Por encima de todo, "¡Sé fuerte y valiente!", "¡No temas!" ¡No dude ni tema! Sepa que su lenguaje puede ser muy simple al principio. No lo desestime. Se necesita más fe para aceptar a Jesús que para abrir la boca y hablar. Además, tenga en cuenta que su manifestación puede venir como una canción en lenguas. En esto no hay precedentes. Recuerde lo que dijo Pablo en 1 Corintios 14:15.

> ¿Qué, pues? Oraré con el espíritu, pero oraré también con el entendimiento; cantaré con el espíritu, pero cantaré también con el entendimiento.

Recuerde también Efesios 5:18-19.

> No os embriaguéis con vino, en lo cual hay disolución; antes bien sed llenos del Espíritu, hablando entre vosotros con salmos, con himnos y cánticos espirituales, cantando y alabando al Señor en vuestros corazones;

No hay reglas absolutas o maneras concretas en que el Espíritu Santo se manifieste en usted. Sólo recuerde que el Espíritu Santo es el precioso "sello" de Dios y que somos partícipes de la naturaleza divina. Somos hijos con la bendición de la primogenitura que nos da autoridad para hablar en nombre de nuestro Padre.

Algo no puede exagerarse: hay quienes tratarán de hacer de esto un complicado proceso. Le dirán que tiene pendiente una larga lista de tareas que usted debe completar antes de que puede tener una esperanza de salvación, y mucho menos una gran porción de dones y operaciones espirituales. Ésta es una carga farisaica del tipo mencionado por Jesús en Mateo 23:1-4.

> Entonces habló Jesús a la gente y a sus discípulos, diciendo: En la cátedra de Moisés se sientan los escribas y los fariseos. Así que, todo lo que os digan que guardéis, guardadlo y hacedlo; mas no hagáis conforme a sus obras, porque dicen, y no hacen. Porque atan cargas pesadas y difíciles de llevar, y las ponen sobre los hombros de los hombres; pero ellos ni con un dedo quieren moverlas.

En su forma más simple, la promesa es el anticipo del cielo, la "garantía" (como menciono en mi libro *Una guía esencial para el bautismo en el Espíritu Santo*) que significa su porción de la herencia. No viva toda su experiencia cristiana tratando de reconstruir una vida ordenada por Dios sólo para descubrir, como Jack Harris en el capítulo 1, que al rompecabezas de su vida le falta una última pieza fundamental.

El pastor John Osteen le preguntó a una señora buscadora si estaba segura de ser salva. "Sí, señor", le dijo. "Me voy al cielo". Osteen luego le preguntó: "¿Quieres un pequeño cielo en ti ahora?" Entonces ella fue llena con el Espíritu y recibió su lenguaje de oración.[2]

> ¿Alguna vez has sentido el poder del fuego pentecostal,
> Quemando toda tu naturaleza carnal, limpiando
>   todos tus deseos innobles,
> Pasando a través de tu espíritu, limpiando todas sus
>   manchas?
> Oh, soy feliz, soy feliz de decirte: Es para todos
>   nosotros hoy.

Jesús brinda esta bendita limpieza a todos sus hijos
     amados,
Plena y libremente nos purifica, destierra toda duda
     y temor;
Te ayudará a ti, mi hermano, cuando alabas y cuando
     oras;
Él está esperando ahora para dar, es para todos
     nosotros hoy.

Algunos pensaron que no podrían tener esto
     mientras habitaran aquí abajo en la tierra,
Pero en esto ellos están equivocados, porque la Biblia
     nos dice así;
Y ahora el Espíritu está con nosotros, Él puede
     guardarnos en todo el camino;
Entonces, por fe, ¿por qué no lo recibes? Es para
     todos nosotros hoy.

Tú puede ahora recibir el Espíritu como una llama
     santificadora,
Si le buscas a Él de todo corazón, y confiando en el
     nombre de Jesús.
En la cruz Él compró esta bendición, Él nunca nos va
     a decir que no.
Él está esperando ahora para dar. Es para todos
     nosotros hoy.

Es para todos nosotros hoy si realmente le creemos y
     oramos;
Consagra todo tu ser a Cristo, y a la llamada del
     Salvador.
Bendito sea Dios, es para todos nosotros hoy.[3]

Notas a la traducción:

a. Se refiere al verbo del original griego, donde el tiempo presente significa que la acción es continua (no permanece en un punto), y se está desarrollando.

b. *Endowment* tiene aquí la acepción de: "el capital que provee ingresos para una institución", http://wordnetweb.princeton. edu/perl/webwn?s=endowment (recuperado el 5 de marzo de 2011). "El **endowment** hace referencia a un fondo de capitalización de recursos de donaciones y subvenciones que las escuelas o centros reciben por parte de exalumnos, empresarios o fundaciones. Este dinero se reinvierte en acciones, renta fija o capital de riesgo. Los intereses que generan estos ingresos se destinan a becas para estudiantes con talento..." http://noticias.iberestudios. com/?s=%C2%BFQu%C3%A9%20es%20el%20endowment? (Recuperado el 5 de marzo de 2011).

NOTAS

Encabezamiento del libro

1. "Waiting for the Promise" [Esperar por la promesa] de Fanny Crosby. Dominio público. (Versión libre.)

Capítulo tres
El hablar en lenguas y la Escritura

1. Wayne Grudem, *Teología Sistemática*, (Editorial Vida, 2007), 1130.

2. Gerhard Kittel, *Theological Word Study of the New Testament* (Grand Rapids, MI: Wm. B. Eerdman's, 1985), cited in PC Study Bible, version 5.2 (Biblesoft).

3. Ibíd.

4. Ibíd.

5. Ibíd.

6. BlueLetterBible.org, *The Treasury of Scriptural Knowledge*, s.v. "2 Kings 9:11," http://www.blueletterbible.org/study/tsk/tsk.cfm?b=2Ki&c=9&v=11&t=KJV (consultado en línea el 11 de octubre de 2010).

Capítulo cuatro
El hablar en lenguas y Jesucristo

1. Hay eruditos que sostienen que el Evangelio de Marcos concluye en el Capítulo 16 versículo 8: "Y ellas se fueron huyendo del sepulcro, porque les había tomado temblor y espanto; ni decían nada a nadie, porque tenían miedo". Hay quienes toman ventaja de esto y dicen que todas las palabras de Jesús relativas a las señales que "seguirán a los que creen", tales como el echar fuera demonios, hablar en lenguas, o una supuesta imposibilidad de ser dañados por víboras venenosas o bebidas letales, carecen de validez. Dado que éste no es el foro para tratar esos temas, no hay tiempo ni

espacio para hacerlo. Sin embargo, el lector puede estar seguro de que esos argumentos contra la continuación del evangelio —y, lo más importante, la implicación de las palabras de Jesús contenidas en él— se desmoronan bajo un examen riguroso.

Capítulo cinco
El hablar en lenguas y la historia de la Iglesia

1. John MacArthur: Los Carismáticos-Una perspectiva doctrinal. (Casa Bautista de Publicaciones, 1995.)

2. Jack Deere, *Sorprendido por el poder del Espíritu*, Editorial Carisma, 1996.

3. B. B. Warfield, *Counterfeit Miracles* (N.p.: General Books LLC, 2010).

4. Rev. Mel C. Montgomery, "Tongues Throughout Church History," BrotherMel.com, http://www.brothermel.com/tongues throughoutchurchhistory.aspx (usado con permiso, consultado el 14 de diciembre de 2010).

5. Ibíd.

6. Ibíd.

7. Ibíd.

8. MacArthur, *Op. cit*, 234.

9. Ron Phillips: *Despertado por el Espíritu* (Editorial Betania, 2000), 115-130.

Capítulo seis
El hablar en lenguas y la Iglesia

1. Billy Graham, *The Holy Spirit* (Nashville: Thomas Nelson, 2000), 234.

2. Michael Green, *I Believe in the Holy Spirit* (London: Hodder and Stoughton, 1975), 25.

Capítulo siete
El hablar en lenguas y el individuo

1. Gordon Fee, *God's Empowering Presence: The Holy Spirit in the Letters of Paul* (Grand Rapids, MI: Baker Academic, 2009).

Capítulo ocho
El hablar en lenguas como evidencia del Bautismo en el Espíritu Santo

1. Frank Bartleman, *Another Wave of Revival* [Otra ola de avivamiento] (Springdale, PA: Whitaker House, 1982), 32.

Capítulo nueve
El hablar en lenguas y la ciencia

1. Benedict Carey, "A Neuroscientific Look at Speaking in Tongues" ["Una mirada neurocientífica al hablar en lenguas] *New York Times*, November 7, 2006, http://www.nytimes.com/2006/11/07/health/07brain.html?_r=1&scp=2&sq=benedict+carey&st=nyt (consultado el 19 de enero de 2011).

2. Ibíd.

3. Ibíd.

4. Don Campbell, *Mozart Effect* (El efecto Mozart) (Quill: New York, 2001), 101.

5. Ibíd., 102

6. Ibíd., 103

7. Ibíd., 104

8. Ibíd., 104

9. Ibíd., 214

10. Ibíd., 210.

Capítulo once
El hablar en lenguas como esperanza
del despertar espiritual

1. "Come, Thou Fount of Every Blessing" [Ven, Tú, Fuente de toda bendición], por Robert Robinson. Dominio público. (Versión libre.)

Capítulo doce
El hablar en lenguas y la promesa celestial

1. "Softly and Tenderly" [Suave y tiernamente] por Will Lamartine Thompson. De dominio público.

2. Relatado a Ron Phillips por Mrs. John Osteen, en el verano de 2006.

3. "It Is for All of Us Today" [Es para todos nosotros hoy] por Leander L. Pickett. De dominio público.